AF222692

Marianne Neeb

Grenzerfahrung einer Mutter

**Tagebuch einer Mutter nach der niederschmetternden Diagnose
Down-Syndrom und deren Folgen.
Der lange Weg sich selbst und anderen zu verzeihen, die zu
diesem Schritt geraten haben.**

Inhaltsverzeichnis:

Lysander ****

Grenzerfahrung einer Mutter

1. Unerwartet schwanger

Es fing alles ganz harmlos an. Wir sind eine nette Familie mit zwei 9 und 11 Jahre alten Jungen. Ich bin 43 Jahre alt und katholisch. Ich stamme aus einer Großfamilie und habe sechs Schwestern. Wir verstehen uns untereinander sehr gut und halten alle zusammen. Durch den schweren Herzinfarkt meiner Mutter vor drei Jahren habe ich schon viel gelernt, auf was es im Leben wirklich ankommt. Zehn Jahre hatte ich Gott in eine Schublade gesteckt und vergessen. Nun musste ich ihn vorsichtig wieder herausholen und langsam lernen ihn anzubeten - auf die Knie zu gehen und ihn um Verzeihung zu bitten. Ich bin oft in die Kirche gegangen und habe eine Kerze angezündet und gebetet. Aus Dankbarkeit, dass meine Mutter am Leben geblieben ist, bin ich einmal in der Woche vormittags in ein Behindertenheim gefahren um dort zu helfen. Ich wollte mich um die Randgesellschaft kümmern, um die Vergessenen. Auch der Umgang mit der Familie hat sich völlig verändert. Vieles habe ich mit ganz anderen Augen gesehen. Meine neue Aufgabe stellte sich jetzt so dar, dass nun endlich die Kinder im Vordergrund stehen sollten und nicht die Malerei oder der Hausumbau. Nachdem wir nun das zweite Mal umgezogen waren, sollte alles anders werden. Ich kümmerte mich nun hauptsächlich um die schulischen Aufgaben und die Freizeit der Kinder. Unseren Großen haben wir ohne Empfehlung auf dem Gymnasium angemeldet. Da er Anfangsschwierigkeiten hatte, hat es mir sehr zu schaffen gemacht, ob er es überhaupt packen würde. Nun ja. Mein Mann war gerade drei Tage geschäftlich unterwegs. Mich überkam ein mulmiges Gefühl eventuell schwanger zu sein. Ich überlegte kurz und fand Gefallen daran, mit 43 Jahren noch einen Nachzügler zu bekommen. Ich hatte mir ohnehin schon Gedanken gemacht, was sein würde, wenn die Kinder größer werden und ich niemanden mehr zum Schmusen hätte. Mein Mann schickte mich zum Arzt und der bestätigte meine Vorahnung per Ultraschall. Wir freuten uns

3

sehr. Bei dem Gedanken an die Schule dachte ich, es ist zwar gerade unpassend, aber dieses Kind darf eben nicht verwöhnt werden und muss auch mal schreien. Beim zweiten Arztbesuch wurde am Ultraschall eine auffällige Nackentransparenz oberhalb des Grenzwertes festgestellt. Mein Arzt hatte sehr darauf gedrängt eine zusätzliche Untersuchung, zum Beispiel ein biologisches Verfahren oder die Fruchtwasseruntersuchung im Krankenhaus durchführen zu lassen. Vorerst ignorierte ich es. Ich wollte mich nicht verrückt machen lassen, zumal ich schon zwei gesunde Kinder zur Welt gebracht hatte und keine Pille und Medikamente einnahm. Aber beim

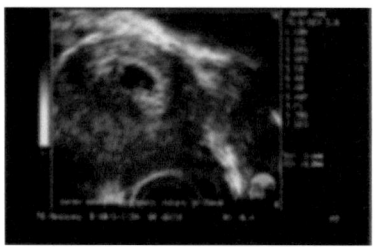

nächsten Arztbesuch wurde ich sehr eindringlich darauf hingewiesen, doch eine Fruchtwasseruntersuchung vornehmen zu lassen. Neben der Auffälligkeit käme auch mein hohes Alter erschwerend hinzu. Das Risiko, ein behindertes Kind zu bekommen, wäre groß. Laut seiner Statistik, die nur bis zu einem Alter von 40 Jahren ging, war bereits jedes 23. Kind davon betroffen. Wir sind so verblieben, dass ich mich noch einmal anderweitig bezüglich einer Zusatzuntersuchung erkundigen wollte.

Ich war verunsichert und fing an, andere Mütter zu befragen. Fast alle hatten mir zu einer Untersuchung geraten. Wenn etwas nicht stimmen würde, könnte man es ja immer noch weg machen lassen. Auch mein Mann hat mich auf die Konsequenzen hingewiesen, die wir dann tragen müssten, falls etwas nicht in Ordnung wäre. Sonst bräuchte man diese Untersuchung auch nicht vorzunehmen. Etwas Angst hatte ich schon. Aber den Gedanken, dass mit meinem Kind etwas nicht stimmen könnte, verdrängte ich.

08.01.06, So.

Am Sonntag haben wir meine Cousine und ihren Mann aus dem Odenwald zum Kaffeetrinken eingeladen. Erst zum Schluss ihres Besuches haben wir ihnen von unserem Nachwuchs erzählt. Auch sie hatten mir unbedingt zu einer Fruchtwasseruntersuchung geraten. Sie selbst haben eine gesunde Tochter. Wenn damals, ihr Befund negativ gewesen wäre, hätten sie ihre Tochter ohne darüber nachzudenken sofort abgetrieben. Ein behindertes Kind kam für beide nie in Frage. Zum Schluss ihres Besuches meinte sie noch, „dann lässt du dich pieksen und es wird schon alles gut werden."

20.01.06, Fr.

An diesem Tag waren wir bei meiner Schwägerin zum Kaffeetrinken eingeladen. Ihre Schwiegereltern waren auch da. Da man meinen kleinen Bauch schon sah, erzählte ich von meiner Schwangerschaft und der Fruchtwasseruntersuchung. Die Schwiegermutter erwähnte ihre zwei schwerstbehinderten Zwillingsenkel, die heute bereits volljährig sind. Man hatte ihnen damals eine Lebenserwartung von 10 Jahren gegeben. Diese beiden behinderten Kinder sind mit ihrem Leben zufrieden und glücklich. Die Schwiegermutter meinte, sie liebten sie über alles und sie würden sie nicht mehr hergeben. Aber es wäre besser sie wären damals, als die Fruchtblase im sechsten Monat platzte, gestorben. Man hätte diesen Kindern vieles erspart. Die jetzigen Folgen wären auch allen erspart geblieben. Die Ehe ihres Sohnes sei daran zerbrochen und seinen Beruf kann er auch nicht mehr voll ausüben. „Wie gut, dass man heute frühzeitig Behinderungen erkennen kann", sagte sie.

Mit einiger Verzögerung, aus Angst dem Kind zu schaden, habe ich die Untersuchung doch gemacht. Ich war bereits in der 17. Schwangerschaftswoche. Fast zwei Tage hatte ich danach liegen müssen, da die Fruchtblase verletzt war. Wir hatten uns nicht für einen so genannten Schnelltest entschieden und mussten aus diesem Grund volle zwei Wochen auf das Ergebnis warten. Nachdem die zweite Woche fast beendet war, wurde ich sehr unruhig. Eine Mutter erzählte mir von ihrem Abbruch und von dem Anblick ihres Kindes in einer Brechschale. Ein Bild, das sie nie vergessen würde.

5

2. Trisomie 21 – der negative Befund

Tag des Befundes 24.01.06, Di.

An diesem Tag arbeitete ich im Behindertenheim. Es war schönes Wetter und somit ging ich wie immer mit zwei Behinderten zum Einkaufen in den Supermarkt.

Draußen vor dem Markt traf ich zufällig eine Mutter aus einem früheren Spielkreis. Auch ihr habe ich stolz von unserem Nachwuchs erzählt und dem Befund, auf den wir noch warteten. Sie meinte, ob dieser Befund etwas an meiner Meinung ändern würde. Ich antwortete nur, dass wir schon ein gesundes Kind haben möchten. Sie schaute mich ganz merkwürdig an und sagte nichts mehr dazu. Ich wechselte das Thema und wir unterhielten uns über die Schule. Nach wenigen Minuten verabschiedeten wir uns und ich machte mich auf den Rückweg zum Heim. Auch im Behindertenheim hinterließ ich den Eindruck, dass wir ein gesundes Kind haben möchten.

Nach Hause zurückgekommen, erzählte mir mein Mann von einem Telefonat auf dem Anrufbeantworter. Ich sollte doch dringend beim Frauenarzt anrufen. Ich war entsetzt und meinte nur, dass kann ja nur etwas Schlechtes sein. Sofort rief ich zurück. Der Arzt war ganz aufgeregt am Telefon und meinte: „Nun sehen sie, jetzt haben wir es. Ein negativer Befund. Trisomie 21. Ein geistig behindertes Kind. Ich habe ihnen doch gleich gesagt, dass sie die Untersuchung machen sollen. Sie haben viel zu lange damit gewartet. Das hätten sie viel eher machen können." Für mich war der ganze Traum von einem gesunden Kind mit einem Schlag geplatzt. Er empfahl mir noch einen Beratungstermin bei der Ärztin, die die Laboruntersuchung vorgenommen hatte. Ich hatte nur noch den einen Gedanken: das Kind wegmachen zu lassen. Am besten gleich.

Meinem großen Sohn hatte ich mitgeteilt, dass es mit dem Baby nichts wird. Es wäre ein behindertes Kind geworden. Es könnte nicht auf die normale Schule, so wie er. Ich müsste mich ständig um das Kind kümmern und hätte keine Zeit mehr für die Beiden. „Und du möchtest doch später auch einmal Kinder, um die ich mich kümmern möchte." Er fing an bitterlich zu weinen. Er wollte das Kind auch nicht, obwohl er sich sehr darauf gefreut hatte. Ich fragte ihn, ob wir vielleicht ein Neues machen sollten. Er meinte: „Nein Mama, dann ist es wieder nichts. Das ist Kinderverschwendung. Soll lieber ein Anderer eins bekommen, der noch keins hat."

Meine Mutter hatte ich angerufen und meinte, dass ich einen schlechten Befund hätte und am Montag ins Krankenhaus gehen würde. Meine Mutter meinte nur: „Das müsst ihr wissen, was ihr macht. Es ist eure Entscheidung." Sie hinterfragte, ob das alles so stimmen würde, was die Ärzte sagen. Sie konnte es einfach nicht glauben.

Meiner drittältesten Schwester C. sagte ich am Telefon: „Jetzt habe ich dieselbe Scheiße wie du!" Trisomie 21 - Down Syndrom. Ein geistig behindertes Kind mit mongoloidem Aussehen.

„Diese Kinder haben ein andere Kopfform, ein eingedrücktes Nasenbein und mandelförmige Augen", sagte ich zu meiner Schwester. Daraufhin meinte sie nur, so genau hätte sie sich damals nicht erkundigt, wie diese Kinder aussehen. „Ich gehe am Montag ins Krankenhaus", sagte ich.

Nachmittags telefonierte ich mit der entsprechenden Ärztin aus dem Labor. Ich fragte sie, ob vielleicht ein Irrtum vorliegen könnte. Nein, der Test wurde zweimal durchgeführt, ein Irrtum sei ausgeschlossen. Bei Trisomie 21 ist in allen Körperzellen das Chromosom 21 dreifach vorhanden. Es ist ein Chromosom zuviel. Wie schwer oder leicht diese Behinderung ausfallen würde, konnte sie mir auch nicht sagen. Man könnte zwar durch Fördermöglichkeiten wie Ergotherapie, Logopäden, Krankengymnastik, Schwimmen einiges verbessern, aber nicht beheben. Für diese Kinder gäbe es auch Sondereinrichtungen. Es wäre ein mongoloides Kind. Ich wollte wissen, ob ich den Abbruch bei ihr vornehmen könnte. Nein, das müsste ich im Krankenhaus machen. Am besten nicht am Wochenende, wegen der schlechten Besetzung.

Mir kam der Gedanke andere Mütter zu fragen. Die könnten es doch gut beurteilen. Sie haben doch auch Kinder. Sie waren fast alle dagegen das Kind auszutragen. „Pfui, so etwas kann man nicht gebrauchen. Sei froh, dass die Medizin so weit ist, dass man es feststellen kann."

„Überleg mal, ein behindertes, mongoloides Kind. Du musst an den Rest der Familie denken. Die brauchen dich doch - und deine Ehe kann daran zerbrechen. Hält sie das auf Dauer aus?" Die Gesellschaft akzeptiert solche Kinder nicht. Auch wenn es nur leicht behindert wäre, würden Fragen kommen wie: „Haben sie es vorher denn nicht gewusst? Das tut mir aber leid, armes Kind." Überall schnappte ich Informationen auf. Es gibt Kinder, da klappt es gut. Bei Anderen wiederum nicht. Eins brummt nur, das andere sieht nichts, eins läuft nicht. Die meisten Mütter meinten es ehrlich und gut mit ihrem Ratschlag, sich nicht der Belastung eines behinderten Kindes auszusetzen. Ständig überlegte ich, was mein Kind wohl alles haben könnte. Alle Hoffnung für das Kind wurde mir genommen.

Meine Freundin H. habe ich telefonisch informiert. Den negativen Befund hat sie genau zu deuten gewusst. Auch sie war der Meinung, sich mit solch einem Kind nicht belasten zu sollen. An meine Ehe und die Kinder sollte ich eher denken und welche Konsequenzen es haben würde, solch ein Kind zu behalten. Auch rein optisch würden diese Kinder ganz anders aussehen als normale. Sie war der Meinung, es weg machen zu lassen wäre ein Schrecken mit kurzem Ende. Es zu behalten sei ein Schrecken ohne Ende. Sie hat uns dazu geraten eventuell ein Buch über solche Kinder zu kaufen, um nachzulesen, was alles auf uns zukommen würde. Sie hat uns auch empfohlen im Internet nachzuschauen und eine Liste Pro und Kontra zu erstellen - und dann zu sehen, was überwiegt. Sie konnte nicht bestreiten, dass es eine schwierige Entscheidung für uns war.

Gott würde uns solche schwierigen Prüfungen auferlegen, damit wir uns damit auseinandersetzen müssen. Uns intensiv damit beschäftigen. Viele Jahre geht es einem gut - man hat alles, unter anderem ein schönes Haus - und dann kommen solche Aufgabenstellungen. Gott wäre uns auch nicht böse, wenn wir uns dagegen entscheiden würden.

Hut ab, zu jeder Entscheidung, die wir treffen würden.

Ich hatte meine Lieblingsschwester B. angerufen. Sie hat mir oft in schwierigen Situationen geholfen, dafür bin ich ihr heute noch dankbar. Ihre Klarheit schätzte ich sehr. Sie ist auch diejenige, die mich am besten kennt. Ich erzählte ihr von meinem schlechten

Befund und dass ich am Montag ins Krankenhaus gehen würde. Sie hat sich in dieser Zeit für die Betreuung meiner Kinder angeboten. Dem Krankenhaus wollte ich etwas Dampf machen, den Abbruch an einem Tag zu schaffen. Ich äußerte noch, dass ich kein behindertes Kind haben möchte, zumal ich das Elend im Behindertenheim sehe. Und eines wusste ich, dass ich das nicht möchte. Des Öfteren hatte ich die Behinderten schon auf dem Hinweg zu ihrer Werkstatt an der Ampel stehen sehen. Der Gedanke mein Kind würde mitlaufen, war für mich schrecklich. Meine Schwester sagte noch, dass einige aus unserer Familie es so nicht sehen würden. Daraufhin meinte ich nur: „Die müssen damit ja nicht leben. Ich muss damit fertig werden." Das hat sie auch so gesehen.

Sie erwähnte noch: „Das Kind wird immer das Dummerchen in der Familie sein. Es kann mit den Anderen nicht mithalten. Kümmere dich um deine beiden Kinder und mach diese Aufgabe richtig."

25.01.06, Mi.
Ab diesem Zeitpunkt war ich völlig verwirrt. Ich fragte mich ständig, warum musste mir das passieren? Die Entscheidung müssen wir selbst treffen. Hätte es nicht einfach gesund sein können? Es gibt so viele Leute, die keine Kinder haben möchten. Wir würden es doch sofort nehmen. Ich konnte das Kind fühlen, seine leichten Bewegungen spüren. Oft kamen mir die Tränen. Ich konnte es einfach nicht fassen. Wir mussten uns schnell entscheiden, da es sonst immer größer werden würde. Eine große Prüfung haben wir auferlegt bekommen. Wie schrecklich.

Morgens rief ich meine Freundin aus dem Odenwald an. Nachdem ich ihr meinen Befund geschildert hatte, sagte sie, sie wüsste nicht ob ihre Ehe das aushalten würde mit einem behinderten Kind. In einer der Kinderarztpraxen würde ein Plakat hängen: „Down-Syndrom" hat viele Gesichter. Sie meinte auch, dieser Arzt hätte ein solches Kind. Es gäbe allerdings auch Mütter in Ihrer Stadt, die mit diesen Problemkindern gut klarkommen würden.

An diesem Vormittag war ich mit meiner älteren Nachbarin zum Teetrinken verabredet. Ich wollte ihr nicht absagen, da sie allein stehend ist und ihre Tochter letztes Jahr gestorben war. Im Laufe unseres Gesprächs erzählte sie mir von ihren Enkelkindern - eines heiße Lysander - und von ihrer großen Freude, im Juni Urgroßoma zu werden. Sie meinte noch, wie wunderbar so ein kleines Kind sein würde. Ich habe immer wieder überlegt, ob ich es ihr sagen sollte. Ich war mir so unsicher, was sie wohl davon halten würde, dass ich ein behindertes Kind im Bauch trage. All unseren Nachbarn hatten wir verschwiegen, dass ich schwanger bin. Den Namen Lysander fand ich so ausgefallen und schön, dass ich überlegte, meinem Kind diesen Namen zu geben.

Ich rief meine ältere Freundin A. an. Auch ihr berichtete ich von dem Befund. Sie zweifelte an der Tatsache, dass dies alles so stimmen würde, was die Ärzte sagen. Sie hatte gesagt: „Du in deinem Alter noch einmal schwanger, wie schön. Und dann noch ein Junge. Das ist ein Geschenk Gottes." Das habe ich leider nicht richtig verstanden. Ich dachte nur, kann mir Gott nicht einfach ein gesundes Kind schenken? Ich habe ihr aber auch die Belastungen eines solchen Kindes für die Familie aufgezählt. Sie hat mir empfohlen in die Kirche zu gehen. Ich sollte ganz still in mich kehren und auf ein Zeichen warten. Gott gibt mir eine Antwort. Ich muss nur genau hinhorchen.

Etwas später rief A. nochmals an. Sie hatte Rücksprache mit ihrer Tochter gehalten und gehört, dass man mit solchen Kindern gut leben könnte. Sie hatte sich positiv dazu geäußert.

Beratungsgespräch Krankenhaus 26.01.06, Do.

Mit verweinten Augen meldete ich mich im Kreissaal zum Gespräch an. Der Arzt war noch nicht verfügbar und hatte eine Dienstbesprechung. Ich saß lange völlig verzweifelt im Vorraum des Kreissaales. Als er mir auf dem Gang begegnete, war er sehr nett und liebevoll zu mir. Er hielt meine Hand und vertröstete mich, noch eine kleine Zeit zu warten. In der Zwischenzeit bin ich zu meinem Frauenarzt gefahren und besorgte mir den Einweisungsschein für den Krankenhausaufenthalt.

Mein Frauenarzt schilderte mir noch einen Trisomie-Fall aus seinem Bekanntenkreis. Er berichtete, dass das behinderte Kind erst mit vier Jahren krabbeln könne. Sein eigener Sohn im gleichen Alter erzählte bereits Bildergeschichten aus Büchern. Bis das andere Kind soweit sein würde, das würde noch lange dauern. Diese Familie lebte in Berlin, wo es gute Möglichkeiten für das Kind gab. Aber inzwischen sind sie nach Leipzig umgezogen - hier seien die Voraussetzungen nicht mehr so gut. Wegen des Kindes hatte sich die Mutter einer kirchlichen Organisation angeschlossen. Diese Kinder werden in der Gesellschaft nicht akzeptiert. Man bekommt auch keine staatliche Förderung. Aber darauf kam es mir überhaupt nicht an.

Eine weitere Mutter verheimlichte dem Arbeitsamt ihr behindertes Kind, damit sie eine Arbeitsstelle bekommt.

Ein anderer Bekannter kommt so weit ganz gut klar mit seiner Behinderung. Er hat nur etwas Probleme beim Lesen. Wenn er zwei Seiten gelesen hat, vergisst er leicht den Inhalt der vorhergehenden Seite.

„Es kommt noch soweit, dass die Frauen noch ins Ausland müssen, um einen Abbruch vorzunehmen", echauffierte er sich.

Der Arzt kannte aber auch zwei Fälle von gesund geborenen Kindern, wo die Ärzte ratlos sind. Eines hat von oben bis unten Neurodermitis. Keine Tagesmutter erklärt sich bereit, das Kind zu betreuen. Das zweite hat keine Muskulatur. Auch das würde es geben.

Ich verabschiedete mich und fuhr wieder ins Krankenhaus zurück.

Der Arzt hatte irgendwann seine Visite beendet und nun war endlich Zeit für mein Gespräch. Er führte mich zu einem Untersuchungsraum. Ich kam mit der Absicht einen Schwangerschaftsabbruch vorzunehmen. Ich zeigte ihm den negativen Befund und wies auf die auffällige Nackentransparenz hin. Daraufhin meinte er, dass 70% aller Kinder in der Regel gesund seien, die diese Auffälligkeit im Nackenbereich haben. Ich fragte, ob nicht doch ein Irrtum möglich sei. Ob ich vielleicht einen Schnelltest über Nacht machen sollte. Er versicherte, dass es Irrtümer geben könnte und es möglich wäre, einen Schnelltest vorzunehmen. Auch seine Frau hätte damals eine Fruchtwasseruntersuchung gemacht, die aber in Ordnung war. Ich erzählte ihm, dass meiner Schwester das Gleiche vor einigen Jahren auch passierte. Ich wollte wissen, ob dies vielleicht erblich sein könnte. Musste aber nicht sein. Um sicher zu gehen, untersuchte er das Kind noch einmal am besonderen Ultraschall. In der Regel würden diese Kinder einen Herzfehler haben. Das könnte mir meine Entscheidung erleichtern. Vorsichtig schaute ich auf den Monitor und erkannte ein Kind. Mein Kind. Der Arzt meinte, ich müsste nicht hinsehen, wenn es mir schwer fällt. Ich wollte es trotzdem. „Ja, es ist ein vollständiges Kind. Es fehlt nur noch an Größe", sagte er. Die Fingerchen, Füßchen, das Gesicht, die ganzen Organe konnte man deutlich erkennen. Es bewegte sich. Ich murmelte etwas vom hohen Gericht am Ende unseres Lebens. „Na ja, wenn sie es nicht umbringen möchten, dann können sie es zur Adoption nach Heidelberg geben. Dort gibt es eine Einrichtung für diese Kinder. Sie werden auch wirklich adoptiert." Von dieser Möglichkeit wusste ich nichts. Aber das Kind auszutragen und dann abzugeben, wollte ich nun gar nicht. Auch meine gesunden Kinder könnten einmal behindert werden, zum Beispiel durch einen Unfall, erwähnte er. Das sah ich etwas anders. Schließlich ist es gesund zur Welt gekommen, das würde ich doch nicht mehr weg geben. Ich entschied mich für den Friedhof. Er hat mir das Kindergrabmahl am Hauptfriedhof empfohlen. Wir wollten es unbedingt bestatten. Nach gründlicher Untersuchung war an den Organen nichts Auffälliges zu erkennen - aber der Nasenbeinknochen war nicht darstellbar. Das hätte man auch schon in der 12. Schwangerschaftswoche erkennen können. Somit bestätigte er den Befund. Mein Sohn wollte unbedingt noch ein Foto von dem Kind. Er druckte mir eine ganze Menge aus. Ich könnte jederzeit welche nachbekommen. Es gäbe nämlich Frauen, die noch nach Jahren kommen und nach Unterlagen fragen würden.

Wie schafft man es mit dem Abbruch zu leben, wollte ich wissen. Daraufhin verwies er mich an meine Schwester, die mir sagen sollte, wie man damit fertig würde. Den darauf folgenden Montag hatte ich für den Abbruch vorgesehen. Er meinte noch, dass es noch genügend Zeit gäbe, darüber nachzudenken. Bis zur 22. Woche. Auch bot er mir Beratungsstellen an, die ich aufsuchen sollte. Pro Familia, auch eine kirchliche Einrichtung war dabei. Das wollte ich lieber nicht. Die würden mich nur überreden wollen. Egal was alle

Anderen sagen, nur das, was ich denke wäre entscheidend, entgegnete der Arzt. Für den Abbruch wären bis zu drei Krankenhaustage vorgesehen, da man nicht sagen könne, wie lange es dauert.

Wir hielten vorerst den Montag fest und ich bin wieder nach Hause gefahren.

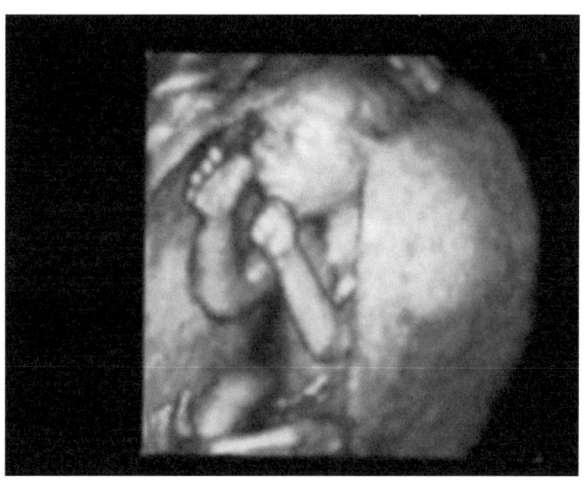

Zu Hause angekommen schaute ich mir nochmals die Ultraschallbilder an. Mein Mann und seine Schwester kamen gerade die Haustür herein, um sich zu erkundigen, wie das Gespräch verlief. Schluchzend erzählte ich, dass es bereits ein komplettes Kind ist, das ich wegmachen muss. „Das muss ich weg machen!" Ich hielt ihnen die Bilder hin. Auch meine Schwägerin musste jetzt weinen. Ich fragte sie noch: „Wie würdest du denn entscheiden?" Doch sie wusste auch nicht, wie sie sich entscheiden würde!

Nach dem ich mich beruhigt hatte, telefonierte ich mit meiner Schwester C. und wollte wissen, wie man mit einem Abbruch fertig wird. Sie meinte: „Man zählt die Geburtstage des Kindes mit. Es hat nicht sein sollen. Ich habe zwei gesunde Kinder. Mit der Schule hat man schon genug zu tun. Vielleicht kommt es im Alter - und damals mit 37 noch einmal ungewollt schwanger." Sie war sich mit ihrem Mann einig, es nicht zu behalten.

Abends telefonierte ich mit meiner früheren Arbeitskollegin R. Völlig aufgelöst berichtete ich ihr von meinem schlechten Ergebnis. „R. was soll ich machen? Ich habe schon viele Leute angerufen, um eine Lösung zu finden, die mich noch von dem Abbruch der Schwangerschaft zurückhalten kann. Es muss doch noch einen Weg geben, ein Zeichen Gottes." Insgeheim habe ich eine Lösung für mein Seelenheil und nicht für das Kind gesucht. Ich wollte keine Verantwortung dafür übernehmen, dass ich es umbringe. Auch meine Freundin R. war der Meinung, dass es eine ganz schwierige Entscheidung wäre, die wir treffen müssen. „Ich bin nicht stark genug das Kind so aufzuziehen, ohne dass der Rest der Familie leidet. Meine ganze Kraft muss ich für das Kind opfern", meinte ich. „Vielleicht schaffe ich es nicht und die Familie zerbricht daran."

Ich hatte nicht den Mut gehabt mich zu dem Kind zu bekennen. „Wahrscheinlich würden die Leute mit dem Finger auf mich zeigen und uns meiden."

Meine Freundin R. erzählte mir aus ihrem Bekanntenkreis von einer Frau, die schwanger war und kein Kind mehr haben wollte. Ihr Mann bestand darauf es zu bekommen. Sie hat das Kind völlig abgelehnt und es kam zum Schluss zu einer Totgeburt im neunten Monat. Diese Frau fiel sogleich in ein tiefes Loch und fühlte sich bestraft. Ihre Bekannten sagten: „Das geschieht dir recht, dass du leiden musst, weil du so böse warst."

Kurz darauf ist sie wieder schwanger geworden. Dieses Kind kam gesund zur Welt. Sie fühlte sich wieder getröstet und erhielt Gottes Segen.

Sie schilderte mir noch einen zweiten Fall. Da ging es um eine Bekannte, die Mitte dreißig war und ein Wunschbaby bekam. Sie und ihr Mann freuten sich so sehr auf den Nachwuchs.

Durch die freie Erziehung und maßlose Verwöhnung des Mädchens begingen sie einen großen Fehler. Die Entwicklung des Kindes lief in die falsche Richtung. Zum Schluss war die Mutter so fertig, dass sie den Tag verfluchte, an dem sie das Kind gezeugt hatten.

Das Kind hatte die Eltern fertig gemacht.

3.Tage der Entscheidung/Warum ich?/Fragen über Leben und Tod

27.01.06, Fr.

Morgens bin ich in die Kirche gefahren. Zufällig war gerade Messe. Nach der Messe überlegte ich, ob ich vielleicht den alten Pfarrer oder den Kirchendiener ansprechen sollte. Ich habe es lieber gelassen, weil ich dachte, die würden mich nicht verstehen und könnten mich sicherlich nicht überzeugen. Lieber versuchte ich in mich hinein zu horchen. Aber ich musste nur weinen. Ich habe mich in der Kirche nach einem Zeichen umgesehen. Es war nichts Auffälliges zu erkennen. Ich wünschte mir das Kreuz hinter dem Altar würde von der Wand herunterfallen. Leider war dem nicht so. Zum Schluss hatte ich mir eingebildet im Tabernakel ein Kindergesicht zu erkennen. Es sah von weitem aus wie das letzte Ultraschallbild aus dem Krankenhaus. Ich bin näher an den Altar gegangen und wollte sehen, was es war. Der Tabernakel war mit bronzeähnlichem Metall beschichtet und hatte unterschiedliche Vertiefungen. Eigentlich nichts Besonderes. Ich bin dann wieder heulend nach Hause gefahren und berichtete meinem Mann davon. Uns wurde immer bewusster, dass wir selbst entscheiden mussten.

Mein Mann kam in die Küche und ich weinte wieder. Er hat mir den Vorschlag unterbreitet, was ich davon halten würde, das Kind vielleicht doch zu behalten. Als ich das gehört hatte, hörte ich auf zu weinen. Er meinte, er möchte nicht zu der Wegwerfgesellschaft gehören und möchte sich nächsten Tag noch im Spiegel anschauen können. Er fügte noch hinzu, egal wie du dich entscheidest, ich stehe hinter jeder Entscheidung. (Hierfür bin ich ihm sehr dankbar gewesen, sonst wären wir heute nicht mehr zusammen). Kurz darauf habe ich an meine Schwiegermutter gedacht. Sie hat mir einmal im Garten gesagt: „Ich nehme das Leben so an, wie es kommt." Mein Mann hat auch vorgeschlagen ab sofort ein Sparkonto für das Kind einzurichten, damit es im Alter versorgt ist. Bezüglich eines neuen Taufpaten wollten wir uns auch Gedanken machen. In seiner und meiner Familie waren alle Mitglieder bereits mit Patenschaften gut versorgt. Und wir wollten keinen mit einem behinderten Kind belasten.

15

Das Kind stellte ich mir als Lebensaufgabe vor. Ich habe mir gedacht, wir wohnen hier sowieso abgeschottet. Ich brauche die Gesellschaft nicht. Ich verreise nicht so gerne und den Konsum benötige ich auch nicht. Ich hätte genügend Zeit, um mich um das Kind zu kümmern.

Mein Mann hatte noch vorgeschlagen U. und T. anzurufen die wir ganz gerne mögen. Sie selbst haben fünf Kinder und sind in einer freien kirchlichen Gemeinde tätig. Ich erzählte U. von der unerwarteten Schwangerschaft und der Fruchtwasseruntersuchung, die negativ ausfiel. Ebenso von dem Beratungsgespräch im Krankenhaus. Dann noch von meinen Freunden und Bekannten, die Verständnis dafür zeigten, das Kind nicht zu behalten. Ich fragte U. was sie mir raten würde. Sie meinte, dass der Arzt und auch sonst niemand vorher sagen könne, wie man das Leben nach der Abtreibung bewältigen kann. Ebenso wenig, ob man mit einem behinderten Kind zu Recht kommen könne. Sie erzählte mir, dass sie und ihr Mann schon einige aus der Gemeinde begleitet hätten, die sich gegen ein Kind entschieden haben. Sie erwähnte auch eine Frau aus der Gemeinde, die nach Jahren immer noch die Bilder ihres Abbruchs vor Augen hatte und sie nicht vergessen konnte. Sie hatte kurz vorgeschlagen, eventuell ein Pärchen zu uns einzuladen, die uns davon erzählen sollten. Diese Idee fand ich gut. Ich erwähnte, dass ich eigentlich mit der Schule und dem Lernen voll ausgelastet sei. Und dann noch ein drittes, ein behindertes Kind. Ich erzählte von meiner Schwester, die gesagt hatte, dass es ein Dummerchen bleiben würde. Daraufhin ermutigte sie mich, doch einmal darüber nachzudenken, was lebenswertes Leben ist und was nicht. „Ist es wirklich nur die Bildung, das Wissen und der Erfolg?", fragte sie.

Sie erwähnte Psalm 90: *Du hast mich gebildet im Mutterleib von Anfang an*. Dann erzählte sie mir von ihren Abtreibungsgedanken während ihrer 5. Schwangerschaft, als sie in einer tiefen Überlastungsdepression war. (4. unerwartete Schwangerschaft, ein schwer krankes Kind und die Ausbildung von ihrem Mann. Kein Geld und 4 Kinder, die alle nachts schlecht schliefen.) Sie erzählte mir, wie überfordert sie war. „Warum wir? Wir tun alles, um kein weiteres zu bekommen und bekommen immer mehr. Andere die gerne eins möchten, bekommen keins." Mit Gebeten und Gottes Hilfe bekamen sie ein tolles Hausmädchen vermittelt.

Was ihr Gefühl damals (ich mache es weg) betrifft, sagte sie mir, dass spontane Gefühle nicht in jedem Fall die Sichersten sein würden. Sonst hätte sie ihren Sohn O. abtreiben müssen, denn ihr Gefühl ging in diese Richtung. Sie sagte mir allerdings auch, dass uns letztendlich niemand die Entscheidung abnehmen kann. Es wäre das Schwerste an der Sache, die Entscheidung letztlich allein, bzw. mit dem Partner zu treffen und auch bewältigen zu müssen. Sie bietet uns einen Besuch an, um mit uns darüber zu reden und zu beten. Später rief sie mich noch einmal an und lud uns zu einem Gottesdienst ein. Ihr Mann fand, nachdem er alles gehört hatte, dass die kommende Predigt genau auf unsere Situation passen würde.

28.01.06, Sa.

Plötzlich fiel mir der homöopathische Arzt ein, bei dem mein älterer Sohn neulich seinen ersten Termin hatte. Er hatte auf mich einen guten Eindruck gemacht. Er war religiös - das sah man an den Jesus Kreuzen, die in seiner Praxis hingen. Das hatte mir gut gefallen. Ich hatte sogleich ein hohes Maß an Vertrauen zu diesem Mann. Leider war es Wochenende. Da hatten alle Praxen zu. Es wird nur der Anrufbeantworter eingeschaltet sein, dachte ich. Ich brauchte sofort Hilfe, deshalb rief ich nicht an. (Im Nachhinein hat mir dieser Arzt erzählt, dass ich auch damals auf den Anrufbeantworter hätte sprechen können. Er hätte es abgehört). Tja, leider weiß man von so guten Ärzten vieles nicht!

Die kleine Visitenkarte von der kirchlichen Einrichtung lag auch noch auf dem Klavier. Zu gern hätte ich auch dort angerufen und um Rat gebeten. Termine gab es jedoch nur von Mo.-Fr. nach telefonischer Vereinbarung. Diese Einrichtung war auch nicht gerade in der Nähe. (Nach dem Abbruch rief ich doch an. Eine sehr nette Frau hörte sich mein Dilemma an. Einen bemerkenswerten Satz vergesse ich nie: „Alles ist nicht mehr, wie es vorher war."

Mein Mann ist in das Büro gegangen um sich Informationsmaterial über Down-Syndrom-Kinder auszudrucken. Als er wieder herein kam, sah er ganz blass aus. Er legte mir ein Stapel Infoblätter auf den Tisch und brummte etwas vor sich hin. Ich schaute sie mir kurz an. Folgende Überschrift war zu lesen. „Menschen mit Down-

Syndrom - eine Gruppe am Rande unserer Gesellschaft." Vorerst verdrängte ich diese Zettel. Stattdessen rief ich meine Mutter an und berichtete ihr, dass wir das Kind behalten werden. Ich sagte ihr: „Ich kann es nicht umbringen." Sie war sehr froh darüber. Sie berichtete mir von einigen Frauen aus Polen, die mit ihrem Abbruch nicht fertig geworden sind. Sie bettelten weinend und auf Knien bei dem Pfarrer um Vergebung. Manche Frauen wurden von den Ärzten wegen der hohen Kinderzahl zu einem Abbruch gedrängt. Wiederum andere Frauen wollten lieber in Urlaub fahren und sich mit keinem weiteren Kind belasten.

Kurz darauf rief meine älteste Schwester, eine Therapeutin, an und fragte mich, wie es mir gehe. Ich antwortete: „Gut." Daraufhin sagte sie, das würden alle ihre Patienten auch immer sagen. Ich sagte: „Doch, wir haben die Absicht das Kind zu behalten." Sie erzählte mir, dass sie sich mit meiner Mutter über mich unterhalten hätte. Ich, die sonst alle nach ihrer Meinung fragte, bezüglich Fenster oder Parkett, müsste diese wichtige Entscheidung jetzt alleine treffen, ohne andere zu fragen. Über unseren Entschluss war sie sehr erfreut und meinte, sie könnte es auch nicht weg machen lassen. Ich erwähnte: „Es gibt so viel psychisch kranke Menschen, die mit ihrem Leben nicht zufrieden sind. Ich bin mit meinem Leben im Reinen. Ich nehme das Kind an."

Wir sprachen über die Folgen von Abbrüchen. Sie brachte ihre Erfahrung aus den Familienaufstellungs-Seminaren ein, wie wichtig es sei, dem Kind einen guten Platz im Herzen zu geben. Denn viele Frauen leiden nach Jahren an Schuldgefühlen und anderen psychischen Erscheinungen. Sie erzählte noch von einem Fernsehbericht. Da ging es um eine Studie aus Frankreich, in der behauptet wurde, dass sich ein Kind noch bis zum 7. Monat gut entwickeln könnte. Zum Beispiel würden Kinder sehr gut auf Musik reagieren. Da war auch die Rede von einer Musikerin, die ihrem Kind immer auf der Harfe vorspielte. Meine Schwester meinte, wir sollten es so annehmen wie es ist. Als sie das sagte, hielt ich meine Hand auf dem Bauch.

Später rief noch meine Schwester S. an. Auch ihr berichtete ich von unserem Vorhaben. Sie sagte: „Jeder Weg ist richtig, egal wie ihr euch entscheidet. Gott straft dich nicht dafür. Wir selbst strafen uns. Hör auf dein Herz."

Die Kinder waren nachmittags verabredet. Mein Mann und ich wollten in die Stadt. Einfach nur laufen, meinte mein Mann. Außer Knäckebrot wollten wir nichts Besonderes kaufen.

Ich hielt Ausschau nach allen Kindern. Wie sehen sie aus? Alles gesunde Kinder, kein Mongoloides dabei. Etwas flau war mir schon im Magen. Abends saßen wir auf dem Sofa und ich fühlte nach meinem Bauch. Die leichten Kindsbewegungen hatte ich schon gespürt.

Sie waren aber nur sehr leicht. Ich dachte nur, das ist vielleicht wegen der Behinderung.

29.01.06, So.
Sonntagmorgens hielt ich die Hand auf dem Bauch. Mein Mann sollte das auch tun, damit das Kind beide verspürt.

Am Frühstückstisch hat mein Mann die Zeitung gelesen. Dabei zeigte er mir eine seltsame Todesanzeige von einem 10 jährigen behinderten Mädchen, das die Farbe schwarz nicht mochte. Die Anzeige war von ihren Geschwistern außen ummalt. Da hieß es auch, sie sitzt jetzt auf einem Stern. Als ich diese Anzeige gelesen hatte, musste ich weinen.

Unsere Kinder kamen dazu und während des Frühstücks, sollte mein Mann es ihnen sagen, dass wir das Baby behalten würden. Mein Großer meinte spontan: „Wer hat dich wieder überredet?" Ich sagte: „Keiner. Ich kann es nicht weg machen lassen." Er schaute mit gesenktem Kopf auf den Tisch. „Möchtest du es nicht?", fragte ich. Er antwortete: „Nein." Etwas frustriert war ich schon darüber. Wir frühstückten und wollten noch in die Kirche. Freunde hatten uns zu einem Gottesdienst eingeladen, um besser eine Entscheidung treffen zu können.

Gottesdienst

Vorab gab es ein Theaterstück, zum Thema NEID, in dem eine Frau versuchte, ihren Mann für den Besuch der Einweihungsparty bei Nachbarn zu gewinnen. Dabei kam heraus, dass sie diese Nachbarn sehr beneidet (um das schöne Haus, den besseren Wagen, den beruflichen Erfolg etc.).

19

Von 100 Personen kennen mind. 90 dieses nagende Gefühl (obwohl kaum einer Neid gern zugibt).

-Neid ist wie eine Säure, die sich langsam durchfrisst.

-Neid macht sauer, wie eine quietschende Zitrone. (Er steckt in uns).

-Neid zersetzt auch den Glauben.

2.

Gott ist gut zu denen, die ihm vertrauen. Gott steht auf der Seite der Christen.

-Wer in Gemeinschaft mit Gott lebt, erlebt Gott in seiner Güte

(aber weniger der Belohnungsgedanke).

Äußert sich dann in Wohlstand, dass ich gesund & erfolgreich bin, eine nette Familie habe, kaum Sorgen kenne, Frieden ….

-Wer aber denkt, dass er Gott nicht braucht, der erlebt das Gegenteil:

 Armut, Streit, kaputte Beziehungen, Krankheit usw.

3.

Das Lebensende kommt in den Focus.

-Entscheidend ist nicht, wie das Leben verläuft, sondern wie es

endet >>was danach kommt.

-Entscheidend sind nicht einzelne Zwischennoten, sondern was am Ende unseres Lebens auf dem Zeugnis steht.

-Ohne Gott lebt man in einer Traumwelt.

Die ist schön, solange man träumt. Aber wenn es Tag wird, ist der Traum vorbei.

Ich war sehr gerührt von der Ansprache. Nach dem Gottesdienst hatten wir unserem Freund (Pastor) mitgeteilt, dass wir uns bereits entschieden haben. Er hatte vorsichtig pro Kind angedeutet und wir bejahten. Freudestrahlend umarmte er uns. Und wir freuten uns auch. Für den Nachmittag hatten wir uns bei uns zum Kaffeetrinken verabredet.

Als wir wieder zu Hause waren, rief meine Schwester an und wollte wissen, ob es bei Montag bliebe und ob sie kommen solle. Ich habe ihr gesagt, dass ich es nicht mache werde: „Ich kann es nicht umbringen." „Was? Du bringst es nicht um. Das machen so viele Frauen. Es ist gesetzlich erlaubt. Deine Kinder wollen es doch auch nicht." Sie tröstete mich noch mit meiner Schwester, die die ersten Jahre des Kindes gezählt hätte und jetzt nicht mehr darüber reden würde. „Sicherlich kommst du besser darüber hinweg, als es zu behalten. Weißt du noch, als du dich geängstigt hast, als der Große neulich die Platzwunde am Kopf hatte und genäht werden musste? Du musst dir mal überlegen, wenn dieses Kind ins Krankenhaus kommt, dann bibberst du noch viel mehr. Du kannst es auch behalten, dann werden sich deine Kinder endlich von dir abnabeln, die du so über behütest." Das wollte ich ja auch nicht. Niemand würde mir ein behindertes Kind wünschen – alle die mich vor einem ungewissen Schicksal bewahren wollten, würden es ehrlich mit mir meinen. Dies wäre bei materiellen Dingen, wie ein Haus, sicherlich manchmal anders. Da könnte auch NEID die Meinung beeinflussen. Sich am Glück anderer zu erfreuen, wäre eher seltener der Fall.

„Du denkst nur an das kleine Baby, aber bedenke mal - es wird größer und ein Mann mit Bedürfnissen." Das wusste ich auch vom Behindertenheim, dass Sexualität genauso funktioniert wie bei uns. Sie haben keine Hemmungen sich anzufassen. Mit den Schimpfwörtern klappt es ganz gut, auch wenn sie sonst nicht alles können.

Wir sind so verblieben, dass sie am Montag das Kinderbettchen für das Baby vorbeibringt.

Nach diesem Gespräch habe ich mir doch die Internetseiten über Down-Syndrom kurz angeschaut.

Menschen mit Down-Syndrom -

Eine Gruppe am Rande unserer Gesellschaft

Unter ca. 660 geborenen Kindern ist ein Kind mit Down-Syndrom. Wegen dieser Chromosomenveränderung werden unsere Kinder schon vor ihrer Geburt in unmenschlicher Weise stigmatisiert. Die Diagnose „Down-Syndrom" oder „Mongolismus" gilt als der klassische Grund für einen Schwangerschaftsabbruch aus eugenischen Gründen (d.h., wegen einer zu erwartenden Schädigung des Kindes).

Beendigung der Diskriminierung

Welch unvorstellbaren Folgen die Diagnose "Mongolismus" haben kann

(nicht haben m u s s), zeigen Vorgänge wie in Duisburg oder Landshut, wo Eltern ihr Kind mit Down-Syndrom durch eigene Hand umgebracht haben.

Beendigung der Ausgrenzung

Mit der Geburt solch eines Kindes beginnt heute bis auf wenige Ausnahmen ein Weg in Ausgrenzung, trotz oder gerade wegen der vielfältigen Förderbemühungen."

Statt essen, waschen, spielen, reiten usw., wie es jedes andere Kind tut, gibt es bei den Kindern Eß- und Sauberkeits- „Training", „Spiel- und Reit-Therapie" und andere „Sonderaktionen". Dieser Weg geht weiter über den Sonder-Kindergarten zur Sonderschule, in die Werksatt „für Behinderte" und das Wohnheim für Behinderte.

In vielen Ländern der Welt wird „gemeinsam Leben und Lernen" praktiziert. Menschen mit Down-Syndrom sollen so leben, wie andere Menschen auch. Sie sollen teilhaben am „Hauptstrom des Lebens" und nicht ausgesondert werden.

Leider ist es in Deutschland die Ausnahme, in solch einer Weise, mit diesen Menschen zu leben. Eltern, die dies fordern, werden als „naiv" oder als „Menschen mit einem Verarbeitungssyndrom" abqualifiziert. Hier muss eine neue Denkweise eingesetzt werden.

Häufige Merkmale des Mongolismus:

- Herzfehler
- Darmverschlüsse oder Verengungen
- Schwierigkeiten bei Saugen
- ein vergleichsweise kleines Baby/Wachstumsstörungen
- ein unterentwickeltes Nasenbein
- schwache Muskulatur und Immunsystem
- Sandalenlücke

usw.

Ich war völlig schockiert und wollte gar nicht mehr weiter lesen.

29.01.06, So. Kaffee trinken mit U. und T.

Wir erzählten unsere Geschichte nochmals von Anfang an. Sie fanden es toll, dass wir beide so ehrlich über unsere Gefühle sprachen. T. fragte danach, was uns überzeugt hätte, das Baby zu behalten. Mein Mann meinte, er weiß es nicht so genau. Jedenfalls, „wer sollte solch ein Kind gut versorgen können, wenn nicht wir. Wir haben die finanziellen Mittel." Aber wer weiß, wie lange wir gegen die Gesellschaft durchhalten können, meinte mein Mann. T. erzählte uns von seiner Todeserfahrung während seiner Blutvergiftung, als man ihn und er sich selbst aufgegeben hatte.

Er rief zu Gott und fühlte sich wie im Sturzflug. Als sein Freund kam und über ihm im Krankenhaus laut zu Jesus betete, spürte T. wie Jesus ihn berührte und beruhigte. Das gab ihm Kraft und Frieden, Gott zu vertrauen, dass er ihn nicht im Stich lassen würde.

Als wir auf das Pendeln zu sprechen kamen, fragte T. von wem wir uns eine Antwort erhoffen würden. Jesus hat uns nicht versprochen, dass er uns die Zukunft vorhersagen wird, aber dass er bei uns ist – immer. Mein Mann überlegte, ihm fiel nichts dazu ein.

Ich erzählte U., dass ich in der Kirche auf dem Tabernakel ein Kindergesicht erkannt hatte, als ich auf ein Zeichen wartete. Sie meinte, dass ich das deshalb zu erkennen glaubte, weil ich mich intensiv damit beschäftigte.

Ich erzählte U. noch, dass meine Schwester S. gesagt hat, dass ich auf mein Herz hören solle. Daraufhin meinte U., dass man sich darauf auch nicht immer verlassen kann.

Ihrer Schwester wurden zwei schwer behinderte Kinder diagnostiziert, was sich nicht bewahrheitete. Eines hat nur große Rückenprobleme.

Am Ende des Nachmittags betete T. für uns um körperliche und seelische Kraft für die Zeit während der Schwangerschaft zu haben. Auch, um gegen die Meinung von Ärzten, Verwandten und der Gesellschaft standzuhalten.

T. sprach davon, dass Jesus die Ehe segnen würde, um auch mit dieser Belastung fertig zu werden. Auch das Kind würde gesegnet sein – denn Jesus könne Wunder bewirken.

Folgende Karten hatte mir T. mitgebracht, um mich in meinem positiven Beschluss zu bestärken:

Sieben Angebote für jeden Tag

Du kannst den neuen Tag
in der Furcht Gottes beginnen,
und du wirst deine Angst vor Menschen
verlieren.

Du kannst Schwierigkeiten
und schwierige Menschen in deiner
Umgebung in dein Gebet einschließen,
und du wirst ihnen offen begegnen können.

Du kannst dich heute
unter die Vergebung Jesu stellen,
und du wirst nicht bei jedem Fehler verzagen,
der dir oder anderen geschieht.

Du kannst die Probleme dieses Tages
von Gott her sehen lernen,
und du wirst gelassener entscheiden
oder abwarten können.

Du kannst deine Fähigkeiten
als Gabe Gottes ansehen,
und deine Minderwertigkeitsgefühle
werden allmählich aufhören.

Du kannst deinen nächsten Gott anvertrauen,
und du wirst ein Augenmaß dafür bekommen,
was er wirklich braucht.

Du kannst dein ganzes Leben in Gottes
Hand legen,
und deine Tage werden etwas widerspiegeln
von seinem Glanz.

Ein Mensch sieht,
was vor Augen ist;
der Herr aber sieht
das Herz an.

1.Samuel 16,7

Wer weiß,
wem die letzte Stunde gehört,
der braucht
den nächsten Augenblick
nicht zu fürchten.

Peter Hahne

Abends rief ich verzweifelt und weinend meine Freundin M. aus dem Odenwald an und wusste nicht, was ich machen sollte. Sie hatte bei mir spirituell große Bedenken, ob ich den Abbruch verkraften würde. Sie erinnerte mich an die Zeit vor drei Jahren mit dem Herzinfarkt meiner Mutter und welche Probleme ich seinerzeit damit hatte. Sie sagte, es gäbe doch gute Möglichkeiten, mit solch einem Kind zu leben. Ich sollte mich nicht so anstellen und so „piensig" sein, wie seit jeher.

30.01.06, Mo.

Am Montag rief ich im Krankenhaus an und stornierte vorerst den Termin. Die Schwester war sehr nett und meinte ich soll mir Zeit lassen - und jede Entscheidung, die man träfe wäre richtig.

Morgens brachte meine Schwester B. das Kinderbett und wollte uns zu unserer Entscheidung gratulieren. Nach dem Hickhack hin und her mit dem Kinderbett, wollte sie es nun endlich loswerden. Wir schauten wohl ganz trüb drein. Sie meinte nur, „so sehen aber keine glücklichen Eltern aus." Wir sahen beide ganz schlecht aus. Mein Mann konnte sich kaum noch im Büro auf die Arbeit konzentrieren. Ich sagte nur: „Es ist ja noch nicht ganz sicher mit der Entscheidung." „Ach ja", sagte sie. Ich bemerkte: „Wäre ich doch nie schwanger geworden." Am liebsten wäre es mir, es würde sich von alleine erledigen. Das Kind würde im Bauch absterben. Dann müsste ich mich nicht entscheiden und ich würde es nicht umbringen." „Das wird leider nicht passieren", versicherte meine Schwester.

Mein Mann bemerkte, dass wir nicht vergessen dürften, dass es ein geistig behindertes Kind bleibe. Es müsste ständig versorgt werden und könne nicht alleine bleiben. Meine Schwester fügte noch hinzu: „Du mit deinen Komplexen. Wenn ich schon an deine Spange und Brille denke. Und dann willst du stolz mit dem Kinderwagen spazieren gehen und dein Kind präsentieren?!" Ich dachte, sie hat ja Recht. Sicherlich würde ich mich dafür schämen. Ich wollte doch auch ein gesundes Kind haben.

„Muss es unbedingt das Kind sein? Musst du das Schicksal herausfordern? Habt ihr eine schlechte Ehe, dass du sie retten musst?" Ich verneinte „Wir haben eine gute Ehe."

Ich überlegte noch einmal richtig. Gott lebt oben im Himmel und ich hier unten auf Erden. Die Mediziner haben es doch gesagt: „Sie müssen vernünftig sein." Hier auf der Erde muss ich klar kommen. Das hatte mich veranlasst weiter zu telefonieren, um genauer nachzufragen, was Kinder mit dem „Down-Syndrom" wirklich alles haben können.

Irgendwann später hatte ich dann die Vorstellung, in der Küche steht ein großer breiter Mann und brummt. Er war mir fremd und ich hatte Angst vor ihm.

Gespräch Kinderpraxis 30.01.06, Mo.

Auch in der Kinderarztpraxis, in der die Ärztin tätig war, die meine Laboruntersuchung gemacht hatte, habe ich mich erkundigt. Leider war diese Ärztin an diesem Tag erkrankt. Die Sprechstundenhilfe war sehr nett und hatte mir Auskunft erteilt. Ich wollte wissen, welche Art von Fällen Trisomie 21 es geben würde. Sie berichtete mir von unterschiedlichen Fällen. Zum Beispiel kenne sie da ein sehr quirliges Kind, das man nicht aus den Augen lassen könnte. Dann ein Mädchen, die noch mit 11 Jahren gewindelt werden müsste. Eine andere Mutter mache gerade eine schwierige pubertäre Zeit mit ihrer Tochter durch. Es wäre auch schon vorgekommen, dass eine Familie ihr Kind in ein Heim gegeben hatte, da sie mit der Situation nicht fertig geworden sind.

Aber an und für sich wären diese Kinder sehr lieb. Sie bekämen öfter Blut abgenommen wegen Problemen an der Schilddrüse. Man müsste sie zwar manchmal zu dritt festhalten, aber sie wären einem nicht lange böse. Sie würden es sehr schnell wieder vergessen.

Am Anfang hätten diese Kinder in der Regel ein schwaches Immunsystem und wären somit anfälliger für Krankheiten als andere Kinder. Auch die Muskulatur müsste erst aufgebaut werden. Sie würden sich etwas gummiähnlich anfühlen.

Ich fragte noch, ob solche Kinder mit einem ähnlichen Befund wie meinem geboren werden. „In den letzten Jahren", soweit sie sich erinnern konnte, „nicht." Am Anfang ihrer Zeit, das war vor ungefähr 10 Jahren, gab es schon einige.

29

(Im Internet hatte ich gelesen, dass sich von 1000 Frauen nur eine Einzige bewusst für ein solches Kind entscheiden würde.)

Die Sprechstundenhilfe hatte mir noch eine Telefonnummer von einer Mutter gegeben, die ein mongoloides Kind hat. Diese Mutter hatte sich vor langer Zeit bereit erklärt, für andere Rede und Antwort zu stehen. Das fand ich ganz toll und notierte mir die Nummer.

Nachmittags, kurz nach 16:00 Uhr rief ich diese Mutter an. Sie war sehr nett zu mir, bestärkte mich und fand mich sehr mutig. Auch erzählte sie mir, dass sie religiös sei und dass damals eine Fruchtwasseruntersuchung für sie nicht in Frage gekommen wäre. Erst nach der Geburt ihrer Tochter wurde festgestellt, dass sie ein mongoloides Kind geboren hatte. Ihr Kind musste für 5 Wochen auf die Intensivstation. Mit dem Stillen war es auch nicht so einfach gewesen. Sie hatte die Muttermilch abgepumpt und eingefroren. Nach und nach wurde diese ins Krankenhaus gebracht. Die Mutter gab mir den Tipp, dass ich mir ein umliegendes Krankenhaus in der Nähe suchen solle, wegen der langen Anfahrtswege. Wenn es ginge, solle ich eine Uniklinik vermeiden, diese würden gerne mal neue Medikamente ausprobieren. Die ersten drei Jahre wären die schwierigsten, da müsste man drei Mal die Woche sich um Ergotherapie, Logopäden, Schwimmen etc. kümmern. Auch müsste ich wegen einer entsprechenden Schule einen eventuellen Umzug in Kauf nehmen. Da wir erst vor knapp zwei Jahren in das Elternhaus meines Mannes gezogen waren und wir aus existenziellen Gründen nicht noch mal umziehen konnten, kam das für mich nicht in Frage. Sie hat mir auch von einer Lebenshilfe-Organisation erzählt, der ich mich anschließen könnte. Auch motivierte sie mich dazu Eigeninitiative zu ergreifen und einen eigenen Kreis Betroffener zu gründen.

Ihre Tochter ist mit 2 Jahren sauber gewesen. Sie hatte sogar das Seepferdchen gemacht. Heute geht sie in eine integrative Schule und kann Lesen und Schreiben. Nur mit dem Rechnen habe sie Probleme. Zur Zeit würde sie englische Lieder lernen. Ihre Tochter wäre außerdem in der Schule beliebt und hätte viele Freunde.

„Alles was das Kind kann, ist ein Geschenk", meinte sie. Sie würden von heute auf morgen leben und nicht weit in die Zukunft schauen. Und wenn ich mich für das Kind entscheiden würde, sei diese Entscheidung richtig. Sie sprach noch davon, dass die Kinder untereinander keine Probleme haben werden - aber mit der Gesellschaft wäre das schwieriger. Man würde schon öfter anecken. Sie nähme damit allen von vorne herein den Wind aus den Segeln und somit würde das ganz gut klappen. Auch mit Behörden und Krankenkassen würde man seine Probleme bekommen, wie beispielsweise bei der Ausstellung eines Behindertenausweises oder bei der Übernahme von Arztrechnungen.

Ich wollte noch wissen, ob ihre Tochter wüsste, dass sie anders wäre als die anderen Kinder. Sie meinte: „Ja, das wüsste sie." In dem Moment hatte es mir etwas wehgetan. Wie schwer oder leicht mein Fall ausfallen würde, konnte sie mir natürlich auch nicht sagen.

Sie hatte mir noch das Angebot gemacht, Bilder von ihrer Tochter zu schicken. Auch wollte sie uns gerne am Wochenende zu sich einladen, um die restliche Familie, ihren Mann und die beiden jüngeren Geschwister kennen zu lernen. Solange wollte ich eigentlich nicht warten und hatte mich vorerst bei ihr bedankt. Ich hatte noch die Idee, am nächsten Tag in die Behindertenwerkstatt zu fahren, um mir diese Menschen anzuschauen. Davon hatte sie mir sehr abgeraten. Stattdessen schlug sie einen integrativen Kindergarten vor. Auch für ihre Tochter sollte keine Werkstatt in Frage kommen. Sie stellte sich eine Ausbildung für sie vor und später ein betreutes Wohnen.

31.01.06, Di.

Morgens im Bad fragte ich meinen großen Sohn, ob wir uns vielleicht einen integrativen Kindergarten zusammen anschauen wollten. Er hatte es abgelehnt, da es ihm Angst machte. In den letzten Tagen hatte er sich sehr mit Behinderungen beschäftigt. Mein Großer hatte sogar gefragt, ob sein kleiner Bruder eventuell auch behindert wäre, weil er sich öfters komisch oder frech verhalten würde. Seine Frage hatte mir etwas zu Denken gegeben. Ich konnte ihn nicht überzeugen mitzugehen und hatte es auch selbst sein lassen.

Am späten Nachmittag hatte ich meinem großen Sohn dann mitgeteilt, dass ich am nächsten Tag ins Krankenhaus gehen würde.

Er dachte ich würde das Baby jetzt schon nach Hause bringen. Ich verneinte und sagte, dass wir es doch wegmachen lassen würden. Er schaute mich etwas erstaunt an und meinte, wir könnten dem Baby doch Mulivitamin oder Dextro geben, damit es Kraft bekäme. Ich versicherte ihm, dass das nicht so einfach wäre und dass diese Kinder viel anfälliger wären als alle anderen.

In einem Telefongespräch mit meiner Freundin M. aus dem Odenwald fragte sie mich: „Und - wie habt ihr euch entschieden? Und sag' schon, du behältst es?" „Nein, ich gehe ins Krankenhaus, da man nicht absehen kann, wie stark die Behinderung ausfällt."

Abends als ich meinen kleinen Sohn ins Bett brachte, hatte ich auch ihm vom Krankenhaus erzählt. Ich werde nie seine Blicke vergessen. Er rollte seine kleinen mandelförmigen Augen verzweifelt hin und her, um nicht zu weinen. Spontan sagte er: „ Mama behalte es doch einfach." Die Entscheidung war mir sehr schwer gefallen aber ich konnte es leider nicht mehr ändern, das Kind doch zu behalten.

Eine frühere Arbeitskollegin N. rief noch abends an und wollte sich wegen meines Befundes erkundigen. Als sie das Ergebnis hörte, dass es ein behindertes Kind sein würde, war sie entsetzt. Ich teilte ihr mit, dass ich am nächsten Tag ins Krankenhaus gehen würde. Sie meinte nur, an diesen Kindern stimme ja gar nichts. Sie kannte einen Fall aus der Vergangenheit, als ein solches Kind ahnungslos in das Gehege von Schäferhunden lief. Es wurde ziemlich an den Armen verletzt. Sie sagte auch noch: „Dein Mann muss dich sehr lieben, wenn er es nehmen würde." Für sie kam es gar nicht mehr in Frage, ein Kind zu bekommen. Schon gar nicht in diesem Alter. Sie wollte leben und verreisen. Sie sagte noch, so wie sie mich kennen würde, als hibbeliges halbes Hemd, würde ich das nicht schaffen. „Und stell dir mal vor, wenn die Ergotherapie und alles nichts hilft, was machst du dann?" Ich fühlte mich völlig bestätigt, das Richtige zu tun. Das Gespräch kam mir wie gerufen. Als wir das Telefonat beendeten, erzählte ich es meinem Mann. Auch er war sehr betroffen. In der Zwischenzeit telefonierte er mit seinem besten Freund, um Rat einzuholen. Auch sein Freund war der Meinung - bloß kein behindertes Kind. Auch er hatte eine Geschichte aus alten Zeiten parat. Ein Arzt wurde bei der Geburt eines Kindes um Hilfe gerufen und hatte sich dabei Zeit gelassen, um etwas anderes zu beenden. Dadurch kam das gesunde Kind behindert zu Welt.

Wir saßen nun da und waren völlig sprachlos. Mein Mann hatte noch eine Idee. Er holte sein altes Pendel heraus und sagte: „Ich frage das Pendel." Nichts kam dabei heraus. Wir mussten wieder feststellen, dass wir uns alleine entscheiden sollten. Auch mussten wir uns wieder eingestehen, dass es ein geistig behindertes Kind werden würde, das rund um die Uhr betreut werden müsste. Es könnte nicht wie unsere anderen Kinder später einmal ein eigenes, selbständiges Leben führen. Es müsste betreut werden. Unser Leben würde dadurch eingeschränkt sein. Und die Jüngsten sind wir auch nicht mehr. Wenn unsere Kinder etwas älter wären oder es wäre nur das einzige Kind, hätten wir kein Problem damit. Gerade die ersten drei Jahre waren noch so wichtig für unsere eigenen Kinder. Die Vorstellung, gerade am Anfang sehr oft ins Krankenhaus fahren zu müssen, war für mich unvorstellbar. Nachts, anstatt einmal lieber zwei oder dreimal ins Bettchen zu schauen, ob alles in Ordnung ist und dann eventuell mit Blaulicht geholt zu werden. Meine Jungen bibbernd daheim zu lassen. Und dann noch die vielen Termine zur Förderung des Kindes. Es schien mir alles so mühselig. Kann ich das überhaupt? Nein, mir ist es zu viel. Mein Kopf hatte mir gesagt, du musst vernünftig sein und mein Herz blutete. Ich muss es tun, um die Familie zu retten, die mich so dringend braucht.

Ich bin dann zu Bett gegangen. Die ganze Nacht lag ich wach und schaute aus dem Fenster. Ich habe mir immer noch bis zum Schluss gewünscht ein Zeichen zu bekommen, indem sich der Himmel erhellen würde oder irgendetwas anderes. Aber leider ist nichts passiert. Schade!

4. Geburt und Trauer

Krankenhaus 01.02.06, Mi.

Mit leicht verweinten Augen betraten ich und mein Mann das entfernter liegende Krankenhaus. Auf dem Weg zur gynäkologischen Anmeldung sah ich zwei Engelbilder an der Wand hängen. Das erste Bild zeigte ein Engelgesicht, das nach unten schaute. Das zweite Bild war das gleiche Motiv, nur - ohne Gesicht. Bei der Aufnahmestelle meldeten wir uns an. Eine Ärztin füllte noch entsprechende Formalitäten aus. Ich musste mich ausziehen und sie machte noch kurz einen Ultraschall. Ich hatte nur gedacht, sie schaut nach, ob es noch lebt. Ich hätte mir gewünscht, sie würde noch etwas sagen oder finden. Leider nichts. Danach bin ich weiter an eine Anästhesistin verwiesen worden, um die Narkose zu besprechen. Auf dem Weg dorthin, ist mir im Gang ein drittes Bild aufgefallen. Es war ein süßes neugeborenes Baby mit dunklen Haaren, eingehüllt in ein weißes Spitzentuch. Es lag schlafend auf einem Terrakottatopf. Da ich noch auf meinen Mann warten musste, konnte ich es genau betrachten.

Von der Anästhesistin wurde mir eine PDA empfohlen, da ich schon eine Kleinigkeit gegessen hatte. Anschließend suchten wir das Krankenzimmer auf. Es war bereits 11:00 Uhr. Die Schwester meinte, ich sollte mich kurz einrichten. Ich bin davon ausgegangen, dass ich es an einem Tag schaffen würde, deshalb hatte ich kaum etwas mit. Ich fragte nach den Tabletten. Draußen schien die Sonne. Der Ausblick über die Dächer war sehr schön. Kurz darauf kam sie mit einem Glas Wasser und zwei Tabletten. Alle sechs Stunden sollte die Einnahme wiederholt werden. Schneller ginge es nicht, da ich sonst Wehenschübe bekommen würde, das sei für eine Mutter zu gefährlich. Ich hatte Angst und mir war kalt. Als ich die ersten Tabletten genommen hatte, wusste ich, es gibt kein Zurück mehr. Das Todesurteil war gesprochen. Ich hatte die Tabletten geschluckt. Die Schwester meinte noch, ich könnte ein wenig spazieren gehen. Das wollten wir auch tun. Doch bei den ersten

Schritten zur Tür verspürte ich schon ein unangenehmes Ziehen im Unterleib. Ich konnte nicht mehr schmerzfrei laufen. Ich legte mich zurück ins Bett und versuchte ruhig zu bleiben. Mir war kalt und ich hatte Schüttelfrost. Die Schwester bot mir eine Decke an. Mein Mann hatte sich für kurze Zeit zum Essen zurückgezogen. Als er zurückkam brachte er mir einen Schokoladenriegel mit. Eine Zeit des quälenden Wartens fing an. Zwischendrin war Arzt-Visite um nach dem Rechten zu sehen. Auch sie haben mich mit verweinten Augen gesehen. Als die Schwester danach wieder herein kam, fing ich an zu weinen. Ich rechtfertigte mich, was uns dazu bewogen hatte, den Abbruch zu machen. Sie meinte, ich müsste ihr nichts erklären. Wir hätten uns doch entschieden. Lieb streichelte mich die Schwester und versuchte mich zu beruhigen. Sie meinte, das Kind säße jetzt auf einem Stern und würde mit den Füssen baumeln. Ihm würde es gut gehen. Nachdem ich das gehört hatte, wurde ich ruhiger und musste nicht mehr weinen. Ich habe es mir bildlich ausgemalt. Ich wusste die ganze Zeit nicht, wie ich mir Lysander vorstellen sollte. Sie meinte noch, wenn wir 20 Jahre jünger wären, wäre es besser gewesen. Sie selber habe eine Tochter, der seit der Geburt ein Unterarm fehle. Dann erzählte sie von einer Frau, die vor langer Zeit ein Kind erwartet hatte und ab der 7. Woche Blutungen bekam. Diese Frau wollte das Kind unbedingt bekommen und lag die restlichen Schwangerschaftswochen nur noch im Bett. Das Kind kam stark behindert zur Welt. Das konnte ich nun gar nicht verstehen. Ich war der Meinung, was bis zur 12. Woche nicht hält, hat eben nicht sein sollen. Nach unserem Gespräch wurde die PDA gelegt. Danach kam ich wieder ins Krankenzimmer zurück. Mein Mann war zwischendrin noch mal zum Telefonieren hinausgegangen, um die Familie zu informieren, dass noch nichts passiert sei und wir noch warten müssten. Als er draußen war, kreisten mir Gedanken durch den Kopf. Am liebsten wäre ich mit meinem Kind aus dem 8. Stock gesprungen, damit uns niemand trennt. Man würde uns unten zusammen tot auffinden. Es zu tun war nicht möglich. Ich musste doch für meine beiden anderen Kinder da sein.

Meine älteste Schwester D. hatte abends bei uns zu Hause angerufen. Sie wollte mich sprechen, um mir unbedingt mitzuteilen, dass sie die Patentante werden möchte. Vorher hatte sie es leider nicht geschafft vorbeizukommen oder mich anzurufen, da sie verhindert war. Mein großer Sohn berichtete ihr, dass ich im Krankenhaus sei, um das Baby wegmachen zu lassen. Über diese Nachricht war sie völlig enttäuscht.

Gespräch mit dem Seelsorger vor dem Abbruch

Gegen Abend wurde uns der Pfarrer vorgestellt, damit wir ihn schon einmal kennen lernen konnten. Er betrat den Raum und ich weinte in Strömen. Es tat mir alles so Leid. Er brachte eine kleine Kerze mit. Diese sollten wir anzünden und die ganze Zeit brennen lassen. Er schenkte uns noch ein kleines Bildchen mit dem Titel: „In Gottes Händen." Es wurde oft an Kommunionkinder verteilt.

Aus der Sicht des Malers
ein Bild für ein Kindermessbuch.
Ein Bild also nur für Kinder?
Jesus sagt zu allen Menschen:

„Wenn ihr nicht werdet wie die Kinder,
kommt ihr nicht in das Reich Gottes.“
Jesus meint, wenn ihr zu Gott
kein radikales Vertrauen habt,
so wie Kinder Eltern vertrauen,
seid ihr weit weg von Gott.
Das Kind in diesem Bild
lebt aus der Nähe Gottes.
Es ist ganz Aug und Ohr für ihn.
Offen, angstfrei schaut es auf den,
den eigentlich keiner sehen kann.
Es fühlt sich geborgen in den Händen
des Unsichtbaren und ist sich sicher,
niemals aus Gottes liebender Hand
herausfallen zu können.
Hat doch Jesus seinen Freunden
und uns allen zugesagt: „Niemand
wird sie meiner Hand entreißen. “

Freude strahlt aus dem Gesicht
des Kindes über den Regenbogen.
Nicht nur, weil dieser farbenprächtig
ist; sondern jemand erzählt dem Kind
die Geschichte der Arche Noahs.
Gott habe am Ende der Großen Flut
einen Bogen in die Wolken gesetzt
als Zeichen seines ewigen Bundes:
den strahlenden Regenbogen.
Und er versprach den Menschen:

„Ich werde nie mehr vernichten.“
Diesen Bund hat Jesus erneuert
und für alle Zeiten verkündet:
„Ich bin nicht gekommen, um zu

vernichten, sondern um zu retten."
Das Kind im Regenbogen glaubt dies.
Es hat keine Angst vor Gott.
Es weiß: Gott ist unendlich gut.
Von allen Seiten umgibt er uns.
Unser Leben ist in seiner Hand.
Seine Liebe durchdringt alles wie
im Bild die Farben des Regenbogens.

Gott der Liebe,
du hast uns für immer versprochen:
„Ich werde nie mehr vernichten."
Der Regenbogen soll ein „Zeichen sein
für meinen ewigen Bund mit euch".
Und sollten wir noch so tief sinken –
auf dem Grund des tiefsten Abgrunds
wartet auf uns deine rettende Hand.
Danke, Gott, für deine wunderbare Treue.

Kurz darauf entschuldigte sich der Seelsorger für einen Moment und verließ den Raum. Heute weiß ich, dass er den Abbruch noch verhindern wollte. Aber es war bereits zu spät gewesen, wegen der Medikamente und der PDA.

Nachdem der Pfarrer wieder zurückkam, hat er sich sehr viel Zeit genommen, um uns zuzuhören. Normalerweise wird er erst zum Schluss gerufen und nimmt Nottaufen vor. Er wunderte sich, dass wir ihn vorher sprechen wollten.

Wir erläuterten, was uns zu dieser Entscheidung bewogen hatte. Er unterbreitete uns einige Vorschläge bezüglich der Beerdigung wie z.B.: Heimatfriedhof oder Kindergrabmal, Gestaltung der Schatulle, Abschiedsbriefe, Fotos etc. Ich erwähnte noch, dass ich vor sieben Jahren in der zwölften Schwangerschaftswoche eine Fehlgeburt hatte. Er hatte den Vorschlag gemacht, auch diesem Kind einen Abschiedsbrief zu schreiben. Schließlich hatte es bereits Herzschläge gehabt. Nachdem alles besprochen war, erhielten wir die Heilige Kommunion. Wir sollten eins werden mit dem Kind. Danach beteten wir gemeinsam das Vater Unser und dabei liefen mir die Tränen über das Gesicht.

Es war bereits sehr spät und mein Mann und ich versuchten zu schlafen. Er legte sich mit seiner kompletten Bekleidung direkt aufs Bett. Nachts besuchte mich die Anästhesistin und schaute nach den Rechten.

Entbindung / Geburt 02.02.06 (13.00 Uhr)

Morgens hatte ich in kurzen Abständen regelmäßige Wehen gespürt. Die Pumpe für das Schmerzmittel war nicht richtig eingestellt. Mein Bauch war völlig verkrampft und Lysander wölbte sich rechts nach oben. Der Anblick hatte mir sehr wehgetan. Ich hatte bis zum Schluss die Hand auf meinem Bauch. Ich habe nur gehofft, dass er nicht so leiden musste. Die Schwester hatte nachgefragt, ob ich schon Blutungen hätte. Mich überkam ein merkwürdiges Gefühl. Das hatte ich so nicht gewollt. Es war alles so unnatürlich. Als ich mit meinem Mann zur Toilette ging, war mir ganz schwummrig. Durch die PDA musste ich öfter gehen, da ich im unteren Bereich kein Gefühl hatte. Nun fing ich auch an, stark zu bluten. Es war für mich eine so schreckliche Vorstellung, was ich über mich geschehen lassen musste. Draußen hatte es geschneit. Mein Mann meinte, es sieht so schön aus, wenn man die bedeckten Bäume und Dächer sieht. Ich wollte den Schnee auch unbedingt sehen. Mit aller Kraft reckte ich mich nach oben. Nur kurz konnte ich einen Blick auf den Schnee erhaschen. Danach brach ich im Bett zusammen. Ich hatte das Gefühl, hinter mir schwappte ein Wasserglas über. Ich drehte mich um, aber da stand keins. Nachdem ich die Bettdecke zurechtgerückt hatte, fühlte ich mit den Händen sehr nasse Stellen im Bett. Die Fruchtwasserblase war geplatzt. Alles war blutverschmiert. Mein Mann rief sogleich die Schwester. Sie holte eine silberne Schale und legte sie mir unter das Gesäß. Im Sitzen sollte ich dann kräftig pressen. Sie drückte mir dabei auf den Bauch. Plötzlich flutschte das Kind in die Schale. Sie hatte meinen Mann gebeten, nicht hinzusehen. Es wäre nicht sehr anschaulich. Er meinte zwar, dass er Blut gut sehen könnte, hat es aber trotzdem nicht getan. Ein weiteres Mal musste ich wegen der Placenta pressen, die von ihr auch herausgedrückt wurde. Ich war ganz froh, dass Lysander im Bett entbunden wurde und nicht im Kreissaal unter vielen anderen Gesichtern. Dort hätten sie ihn mir auf den Bauch gelegt. Anschließend hat sich die Schwester mit dem

Kind zurückgezogen, um es herzurichten, damit wir uns später verabschieden könnten.

Danach wurde ich zur Ausschabung vor den OP-Saal gefahren. Lange musste ich warten bis ich an der Reihe war. Es hatte sich ein Rückstau gebildet. Das Schmerzmittel wurde erhöht, so dass ich nichts mehr spürte. Plötzlich hatte ich Angst um mein Leben, es könnte etwas schief gehen. Ich fing an zu beten. Ich dachte nur, hoffentlich ist alles bald vorbei und ich kann bald nach Hause. zurück zu den Kindern. Nun wurde ich endlich in den Kreissaal gefahren. Die Ärzte hantierten mit meinen Beinen herum. Ich fühlte mich wie eine Gummipuppe. Es wirkte alles so unecht. Bei jedem Eingriff wurde ich vorher informiert. Somit hatte ich auch vollstes Vertrauen. Ein Arzt meinte, ich hätte das schon richtig gemacht mit meiner Entscheidung. Er kannte eine Familie mit solch einem Kind. Es wäre schon viel Arbeit, sagte er. Nachdem alle Rückstände beseitigt wurden, bin ich zurück auf die Station gefahren worden. Unterwegs hatte die Schwester gemeint: „Sie werden mit der Verhütung doch etwas unternehmen?" Ich meinte sofort: „Ja, mein Mann lässt sich sterilisieren." Wir sollten nur darauf achten, dass man erst nach vier Wochen Schutz hätte. Das wusste ich vorher nicht. Später hatte die Schwester uns gefragt, ob wir nun bereit wären, unser Kind zu sehen. Auch eine Vertretung des Seelsorgers war in Rufbereitschaft. Ich verneinte und wollte mit unserem Kind erst einmal alleine sein. Bevor sie es bringen sollte, wollte ich mir vorher die Mappe mit dem Foto ansehen. Es wäre ein schönes Foto, sagte mein Mann. Lysander sei nicht zu scharf abgebildet. Das wäre auch gut so. Ich hoffte dass ich hinschauen konnte. Vorsichtig nahm ich die Mappe in die Hand, öffnete sie langsam und musste schlucken. Ich sah ein schönes Kind, halb bedeckt, mit geschlossenen Augen auf der Seite liegen. Ich dachte nur, ist ja gar nicht so schlimm. Nun war ich besser vorbereitet. Die Schwester brachte uns jetzt Lysander, bedeckt mit einer Stoffserviette, in einem kleinen Körbchen. Sie sagte, er sei ein schönes Kind. Es würde mir ähnlich sehen. Sie war sehr lieb zu uns. Etwas aufgeregt nahm ich langsam die Serviette herunter. Vorsichtig schauten wir hin und ich sah ein wunderschönes kleines göttliches Geschöpf da liegen. In dem Körbchen lagen noch ein Lorbeerzweig und eine kleine gestrickte Socke. Es war ein ganz kleines Kind von 22 cm und 270 gr. Es lag ganz friedlich da, mit leicht eingefallenen Schultern, ganz unschuldig und hilflos. Mir tat alles so unendlich leid. Mir kullerten nur so die Tränen herunter. Ein wunderschönes Kind, vor dem ich Angst hatte. Es war für mich unfassbar, welch einen tiefen Schmerz ich empfand. Liebevoll betrachtete ich ihn mir ganz genau. Mein Kind hatte ein schönes Köpfchen, kleine winzige Öhrchen, einen ganz süßen schmalen Mund und ein Stupsnäschen. Die Rippen waren ganz zart. Der Bauch war leicht gebläht und ein wenig Nabelschnur hing noch dran. Seine schmalen Ärmchen und die Beinchen waren leicht angewinkelt, sogar das Nagelbett war sehr gut zu erkennen. Es war einfach alles dran. Da lag es nun, unser heiliges Kind. Was habe ich nur getan. Ich kam mir vor wie in einer ganz anderen Welt, von der ich noch nichts wusste.

Ich dachte immerzu, so ein schönes Kind. Mein Mann meinte, wie gut, dass man von der Behinderung nichts sieht. Ich fing an Lysander zu streicheln. Er fühlte sich etwas kalt an. Schließlich war er ja auch tot. Meine Hände waren viel zu rau für das zarte Geschöpf. Ich musste ihn ständig berühren. Ich fragte meinen Mann, ob wir ihm vielleicht Küsschen geben sollten. Er meinte lieber nicht. Ich habe es trotzdem gewollt. Da er auf der Seite lag, küsste ich ihn auf die Backe. „Du musst es auch machen", sagte ich. Auch er küsste unser Kind. Ich wollte das Kind am liebsten behalten und mit nach Hause nehmen. Dass das nicht ging, wusste ich. Ich hätte es mir auch gerne auf den Bauch gelegt, so wie es üblich ist nach einer Entbindung. Dabei hatte ich etwas Bedenken, ihm weh zu tun und außerdem trug ich noch das lange weiße Krankenhaus-Hemdchen. Halb sitzend im Bett, war alles so umständlich. Also habe ich es gelassen. Wir schauten uns Lysander noch lange fassungslos an. Mein Mann meinte: „Er sitzt jetzt auf einem Stern und baumelt mit den Füssen. Ihm geht es gut und er ist uns nicht böse." Daraufhin ging plötzlich das Radio an und wir hörten ein leises amerikanisches Lied, gesungen von einer Frau. Ich war leicht erschrocken. „Siehst du", sagte mein Mann, „Er antwortet uns, dass es ihm gut geht. Er ist uns nicht böse." Die Schwester kam herein und fragte, ob wir unser Kind noch behalten möchten, es wäre möglich. Doch ich beschloss, unser Kind nun abzugeben.

Wir sagten Lysander noch tschüss und küssten ihn ein letztes Mal.

Danach wollte ich so schnell wie möglich nach Hause. Ich zog mich an und packte meine Sachen. Der Gynäkologe führte noch ein kurzes Gespräch mit mir und meinte, die Blutungen dürften nicht länger als eine Woche dauern.

Der Klinikpfarrer eilte auch noch hinzu und unterhielt sich noch eine Weile mit uns. Zum Abschluss segnete er uns. Wir waren so verblieben, dass wir im telefonischen Kontakt bleiben wollten.

So lange wir leben,
lebst auch Du weiter.
So lange wir leben,
stirbst Du nicht.

Am 2. 2. 2006 wurdest Du, _____ .

in der _____ Schwangerschaftswoche geboren.

Du hattest _____ Haare, warst 22 cm groß

und hast 270 g gewogen.

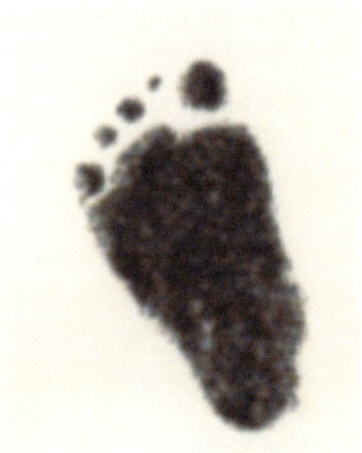

Abends waren wir erschöpft nach Hause gekommen. Kurz unterhielten wir uns noch mit meiner Schwester B. Wir haben uns bei ihr bedankt und dann wollte sie auch nach Hause fahren. Danach legte ich mich zum Schlafen hin. Morgens, als ich aufwachte, kamen die Kinder ans Bett und waren ganz liebevoll zu mir. Auf meinem Kissen entdeckte ich ein rotes kleines Filzherz, dass mein großer Sohn vor Weihnachten genäht hatte. Ich habe mich sehr darüber gefreut. Der kleine Sohn legte mir etwas später ein kleines Stofftierchen dazu. Ich fand es sehr lieb von ihnen.

Ich versuchte aufzustehen und bin kaum die Treppe nach unten gekommen. Mein Kreislauf war völlig daneben. Aus diesem Grund legte ich mich wieder hin. Mein Mann versorgte mich mit Tee und Essen.

Meine Schwester C. rief an und hat sich nach mir erkundigt. Ich erzählte ihr vom Krankenhaus, von unserer Verabschiedung und dass wir das Kind auf dem Hauptfriedhof im Kindergrabmal beerdigen möchten. Zu Hause auf unserem Friedhof war es uns wegen der Leute und den Nachbarn nicht recht gewesen. Es sollte keiner erfahren und außerdem wäre es bei den anderen Kindern besser aufgehoben. Meine Schwester hatte nur gemeint, dass sie damals an so etwas nicht gedacht habe. Was ich alles machen würde. Ich meinte nur, die Möglichkeit zur Bestattung hätte es damals so nicht gegeben. Außerdem hatte uns der Klinikpfarrer diese Möglichkeit vorgeschlagen.

5. Trauma: „Ich habe mein Kind umgebracht"

04.02.06, Sa.

Am Anfang ging es ganz gut. Ich dachte, es ist zu schaffen darüber hinwegzukommen. Aber dann kam der Einbruch. Das schlechte Gewissen dem Kind gegenüber. Ich bin immer unruhiger geworden. Dauernd bin ich von dem Geschehen eingeholt worden. Ich, die vorher nicht einmal einer Obstfliege etwas zu Leide tun konnte, habe so etwas Schlimmes getan. Jetzt hatte ich mein Kind umgebracht. Einfach so abgemurkst. Das konnte ich gar nicht glauben.

Psychologin 06.02.06, Mo 1. Termin

Gleich Montag nach dem Abbruch hatte uns der Pfarrer einen Termin bei einer Psychologin vermittelt. Sie führte das Amt ehrenamtlich aus und es sollten drei Gespräche stattfinden. Sie war sehr nett zu uns. Am Anfang notierte sie eine ganze Menge und hörte sich unsere Geschichte einfach nur an. Unter ständigen Tränen erzählte ich, was wir getan hatten. Sie beschrieb den jetzigen Zustand als eine offene Wunde, die langsam verheilen müsse. Es würde eine Narbe zurückbleiben. Wir sollten richtige Trauerarbeit leisten. Ich sollte meinen Gefühlen freien Lauf lassen. Auch die Kinder sollten mitbekommen, dass die Mama traurig ist. Die Verabschiedung von unserem Kind auch durch eine Beerdigung sei sinnvoll. Fotos und Ultraschallbilder sind Erinnerungen, die noch bleiben würden.

Ich hatte oft geweint und getrauert. Ich wollte alles korrekt machen, um im Alter nichts aufarbeiten zu müssen. Ich wollte den Schmerz jetzt spüren, um später einmal liebevoll daran denken zu können.

Besprechung Beerdigung mit dem Pfarrer
Er hatte uns den Vorschlag gemacht, unser Kind in dem Familiengrab beizusetzen. Da er uns die ganze Zeit begleitet hatte, fragten wir ihn, ob er die Bestattung vollziehen würde. Es sollte eine ganz private Beerdigung unter uns vier werden. Wir wollten keinen Aushang und kein Glockengeläute. Auch sollten keine Karten verschickt werden. Schließlich war es unsere ganz eigene Sache.

07.02.06, Di.

Meine Schwester S. hat angerufen. Sie hat sofort den Eindruck gewonnen, dass ich mit dem Abbruch nicht fertig geworden bin. „Nun ist es passiert. Man kann es nicht mehr ändern. Ich habe mit gelitten, als du im Krankenhaus warst", sagte sie. Nachdem ich das gehört hatte, ärgerte ich mich. „Nun ist das Kind weg und ich kann es nicht mehr drücken", sprach ich. „Doch du kannst es. Du musste es einfach versuchen. Es geht."

Mein kleiner Sohn war in den nächsten zwei Tagen mit K., einem Schulfreund, verabredet. Ich hatte seine Mutter angerufen und ihr mitgeteilt, dass es nicht klappen würde, da wir in zwei Tagen die Beerdigung haben würden. Sie hatte vollstes Verständnis dafür. Sie versuchte mich ein wenig zu trösten und erzählte mir von einem Fall aus ihrer Verwandtschaft. Nach einem Jahr fiel der Oma eine Fehlentwicklung auf. Es wurde eine körperliche und geistige Behinderung festgestellt. Dieser Junge wuchs zu einem Mann heran. Er versuchte bei Familienfeiern die Aufmerksamkeit auf sich zu lenken und störte erheblich. Wenn ihm etwas nicht passte, warf er sich auf den Boden und jammerte und bedauert sich, wie schlecht es ihm ginge. Seine Mutter verteidigte ihn immer wieder. Auch als er dann tagsüber in ein Behindertenheim gebracht wurde, hatte sich nichts verändert. Er berichtete seiner Mutter, wie schlecht er von allen behandelt wurde. Seine Mutter eilte immer wieder hin und verteidigte ihn und schimpfte mit den anderen. Nach einiger Zeit ist die Mutter krank geworden und starb an Krebs. Der Arzt und einige andere waren der Meinung, dass es nicht auszuschließen war, dass sie unter dem Kind so gelitten hatte und daran gestorben ist. Nachdem dieser behinderte Mann seine Mutter nicht mehr um Hilfe und Schutz rufen konnte, passte er sich an und hatte keine Probleme mehr in dem Behindertenheim. Die Oma wünschte es sich im Nachhinein, dass sie das Kind doch damals mit einem Kissen erstickt hätte.

Ein gutes Buch von einer Freundin zum Ablenken hatte auch nicht geholfen. Ich versuchte mich selbst zu therapieren, indem ich längere Telefonate führte. Solange ich telefonierte ging es mir ganz gut. Es hielt aber nicht lange an. Meine Freundin aus dem Odenwald hatte ich öfter angerufen. Sie fühlte sich durch mich etwas belastet. Auch andere würde ich unbewusst mitbelasten, entgegnete sie. Permanent drehte ich mich immerzu im Kreis, aus dem ich nicht mehr heraus kam. Ich war nicht mehr in der Lage den Haushalt ordentlich zu führen, geschweige die Hausaufgaben mit den Kindern zu machen. Alles schien mir zu viel. Meinen Mann konnte ich auch nicht ständig damit konfrontieren. Er musste das Geschäft weiterführen und einen klaren Kopf behalten.

08.02.06, Mi.

Morgens, einen Tag vor der Beerdigung, hatte es geregnet und ich kam zu der Einsicht, dass es nach meinen Erfahrungen ein großer Fehler war, unser Kind herzugeben. Jetzt – auf einer neuen Bewusstseinsebene - fiel es mir wie Schuppen von den Augen. In meinem Innersten schrie es auf: „Lysander wie konnte ich dich nur hergeben. Du warst doch so nah bei mir im Bauch. So nah, näher ging es gar nicht. Und ich habe dich weggegeben. Ich musste doch nicht weit weg in eine andere Stadt, um dich zu retten. Hätte ich doch nur einfach nein gesagt. Was habe ich getan, ich kann es einfach nicht verstehen. Es tut mir alles so unendlich leid." Ich war so entsetzt über mich und musste ständig weinen.

Ich fühlte mich so allein gelassen und einsam. Alle hatten sie mich beraten und es gut gemeint mit mir. Für sie drehte sich das Karussell des Lebens weiter. Nur für mich ist die Welt stehen geblieben. Ich stand nun alleine da mit meinem Problem. Wahrscheinlich wäre ich auch keine bessere Beraterin gewesen. Ich wollte doch ein gesundes Kind haben.

Meine Nichte rief mich an und fragte, wie es mir ginge. Fast fing ich an zu weinen und sagte: „Ich habe mein Kind getötet." Sie widersprach mir und meinte, dass das nicht stimme. Ich hätte es nicht getötet. Sie wollte mich unbedingt trösten, obwohl ich wusste, dass sie keinem Abbruch zugestimmt hätte. „Mit meiner neuen Bewusstseinsebene würde ich es nicht mehr machen", sagte ich. „Aber leider hatte ich sie vorher nicht." Später sagte sie mir, dass sie direkt eine Gänsehaut bekommen hätte, als sie hörte, dass ich das Kind behalten wollte. Es wäre alles richtig gewesen, wie wir es gemacht hätten. Gott straft uns nicht für solche Handlungen, sagte sie. Vielleicht war es für etwas gut und wer weiß, wie unsere Zukunft ausgesehen hätte. Die Familie hätte vielleicht diese Belastung nicht ausgehalten. Ich bestätigte ihr, dass der Pfarrer das auch gesagt hatte. Auch unsere Kinder hatten es nicht so richtig gewollt. Ich erzählte ihr, wie schwer mir diese Entscheidung gefallen war. Auch mein Mann sagte immer wieder, es war eine Entscheidung zwischen Pest und Cholera.

Sie berichtete mir von Familienaufstellungen. Dort wurde den Frauen, die einen Abbruch vorgenommen hatten, geraten, etwas Neues ins Leben zu rufen. Wie zum Beispiel einen Baum zu pflanzen. Ich wollte auch zum Geburtstermin im Juni einen pflanzen. Er sollte in Sichtweite bleiben, damit wir ihn wachsen sehen. Auch von unseren zwei neuen Hasen hatte sie gehört. Das fand sie auch gut. Wir haben sie zu diesem Zeitpunkt allerdings noch nicht abgeholt, da sie keinen Ersatz für Lysander darstellen sollten. Ich erzählte ihr noch, wie wir die Schatulle gestaltet hatten und wie die Beerdigung ablaufen sollte. Sie meinte, dass würde sich alles gut anhören. Dieser Tag wäre ein Fest nur für das Kind und es sollte schön werden. Entsetzt meinte ich: „Jetzt muss ich morgen noch den Scheißtag überwinden."

Zum Schluss sagte sie noch, dass wir nicht traurig sein dürften. Ansonsten wäre das Kind auch traurig. Meine Nichte zog für mich noch eine Engelkarte.

- L a c h e n -

Das Lachen hat eine wunderbare heilende Kraft. Es lässt all Deine Ängste von Dir abfallen.

Wenn Du lachst, bist Du gleich viel glücklicher und entspannter und Deine Gedanken werden klarer.

Denke daran: Engel können nur deshalb fliegen, weil sie sich auch leicht und beschwingt fühlen. Also nimm auch Deine Probleme leichter und erkenne an allen Situationen das Lustige. Lache über Dich selbst und mit anderen Menschen.

Wenn Du innerlich locker bleibst und lachst, werden Deine Engel Dir ganz überraschend neue Ideen und Vorschläge eingeben, durch die Du Deine Schwierigkeiten in Vergnügen verwandeln kannst.

Lachen ist der Sonnenschein, der die Dunkelheit vertreibt; also sei stets fröhlich und vergnügt und habe Spaß am Leben.

Affirmation:

Ich sehe an allen Dingen im Leben die humorvolle Seite.

Diana Cooper

Am Spätnachmittag sah ich noch den Rest vom Sonnenuntergang. Ich wollte ihn noch genießen und setzte mich in den Sessel an das Fenster. Als ich kurz nach oben in den Himmel schaute, sah ich einen riesengroßen Regenbogen über mir. Ich habe gesagt: „Mein Kind, den hast du der Mama geschickt." Er war nur für mich alleine da. Ich freute mich sehr darüber. Als mein Sohn ins Zimmer kam rief ich noch schnell: „Komm, ein Regenbogen." Er konnte nur noch einen kleinen Rest sehen. Schon war er wieder weg.

6. Die Beerdigung. Vorbereitung und Abschied

Gestaltung der Schatulle, 07.-08.02.06

Die Schatulle war weiß lasiert, somit schimmerte die Holzmaserung durch. Oben auf dem Deckel war ein Stern eingeschnitzt. Wir haben sie außen farblich mit unseren Händeabdrücken versehen. Ich nähte ein Bettchen aus einer Babydecke, auf der wir alle schon einmal gelegen hatten. Auch unsere Katze streiften wir damit ab. Das Kind sollte es schön weich haben und nicht frieren. In die Schatulle legten wir das kleine rote Filzherz, ein goldenes Kinderarmbändchen und ein altes, einmal gefundenes Kettchen. Es ist außen mit zwei kleinen Engeln und in der Mitte mit einem rötlichen Stein versehen. Außerdem einen Filzengel, der den Anhänger der Mutter Gottes trägt. Von uns allen legten wir auch eine Haarsträhne hinein, die wir an eine rote Schleife gebunden hatten, sowie ein paar Katzenhaare. In die Schatulle kamen noch die Abschiedsbriefe von meinem Mann und mir und ein Regenbogenbild. Auch Fotos von meiner restlichen Familie kamen hinzu, denn er sollte doch den Rest der Familie kennen lernen.

49

09.02.06 Do., Beerdigungstag

An diesem Tag war ein ganz ekeliges Wetter und es schneite.

Ich brachte die Schatulle dem Bestattungsunternehmen und hoffte nur, dass sie das Kind bei der Überführung auch behutsam hineinlegen würden.

Vor der Beerdigung hatte ich einen kleinen, hellen Trockenkranz mit Seidenblumen für das Grab gekauft. Für die Kinder jeweils eine weiße gebundene Rose. Mit den Gedanken an uns, hat mir eine Schulmutter noch ein weißes Sträußchen Lilien (ein Symbol für Reinheit) gebracht. Das war sehr lieb von ihr. Am Beerdigungstag habe ich noch schnell versucht ein Geschäft ausfindig zu machen, das mir rote gasbefüllte Luftballons verkauft. Ich hatte eins gefunden und bin mit meinem großen Sohn hingefahren. Wir suchten die schönsten roten Luftballons aus. Es waren zwei große und zwei kleine Herzen. Als wir aus dem Geschäft traten, hat es fürchterlich geschneit. Es war direkt ein Schneesturm. Ich konnte nur langsam zurück fahren, da es auch noch matschig war. Das Wetter stimmte mich bedenklich. Hoffentlich legte es sich bis zur Beerdigung.

Mittags war der Sturm vorüber und der Garten war schneebedeckt. Ich machte noch einige Fotos, so schön sah es aus. Ich dachte darüber nach, dass der Schnee als ein Zeichen wiederkam. Auch am Todestag im Krankenhaus lag draußen Schnee. Es war alles etwas sonderbar.

Wir machten uns für die Beerdigung fertig. Wir haben uns ganz normal angezogen. In schwarz wollten wir uns nicht kleiden. Am Friedhof angekommen, schafften wir die Blumen samt den Luftballons aus dem Auto. Es war zu dem Zeitpunkt sehr windig. Die Ballons flatterten heftig hin und her und machten Geräusche. Ich hatte Mühe, sie fest zu halten. Der Pfarrer und der Bestatter waren schon vor Ort. Als ich sie sah, konnte ich meine Tränen nicht zurückhalten. Es war alles so unendlich traurig für mich. In der Trauerhalle fiel mein Blick auf die kleine Schatulle. Wie winzig sie aussah. Oben darauf lag der weiße Kranz. Dahinter stand ein helles Holzkreuz mit seinem Namen. Den Pfarrer hatte ich vorher gebeten die Zeremonie so kurz wie möglich und kindgerecht zu halten. Er war sehr liebevoll auf die Kinder eingegangen und erzählte ihnen von ihrem Bruder, der gestorben sei und jetzt genauso zur Familie gehören würde. Der verlorene Bruder wäre eine Art Sandwichkind, zwischen beiden Geschwistern, in der Mitte. Er würde den Eltern Kraft geben. Auch sie als Geschwister dürften ihn um Hilfe bitten.

Ihr Bruder wäre jetzt gut im Himmel aufgehoben, in Gottes Händen, wie auf dem Regenbogenbild in der Schatulle abgebildet.

Wir gingen langsam über den schönen Friedhof zur Beisetzung. Nun standen wir vor unserem Familiengrab und blickten auf ein kleines tief ausgehobenes Loch. Es war mit einem grünen Kunstrasen ausgelegt. Als wir die Luftballons mit den besten Grüßen an ihn in den Himmel aufsteigen ließen, war es etwas windig. Drei der Ballons haben sich davon in einer großen Baumkrone verfangen. Dabei durchfuhr mich ein leichter Schrecken und mein kleiner Sohn meinte darauf: „Die hängen morgen noch da." Der Pfarrer schaute sich auch ständig um und versicherte uns, die wurschteln sich schon irgendwie durch und finden ihren Weg. Im Nu waren sie alle auf die Reise in den Himmel verschwunden. Jetzt waren wir alle ganz erleichtert. Die kleine Schatulle wurde in das Grab gelegt und wir beteten. Jeder von uns verabschiedete sich kurz. Mein großer Sohn legte ihm noch ein kleines Schiffchen ins Grab, damit er immer auf Reisen gehen könnte.

Nach der Beerdigung hatte mich der Pfarrer gefragt, ob ich nun etwas festgestellt hätte. Ich antwortete: „Ja, ich bin Gott ein Stückchen näher gerutscht, auf eine bittere Weise."

Etwas später unterhielt ich mich mit meinem Mann und sprach: „Nun ist er weg und ich muss noch 30 Jahre auf der Erde leben." Für mich ist es eine unendlich lange Zeit. Am liebsten wäre ich tot gewesen und mitgegangen. Mein Mann hatte darauf gesagt: „Im Himmel gibt es kein Raum.- und Zeitgefühl. Für das Kind ist es nur eine kurze Zeit, die es auf uns warten muss. Das kann für ihn nur wie ein Tag sein." Für mich war es in diesem Moment ein kleiner Trost gewesen.

Anschließend luden wir den Seelsorger in ein Café ein, wo ich zuletzt vor über elf Jahren, als wir standesamtlich heirateten, gesessen hatte. Mein Mann war mit einigen Mitarbeitern zu besonderen Besprechungen, schon öfter dort gewesen. Nach Ansicht des Pfarrers sollten wir uns das für besondere Anlässe in Gedanken behalten.

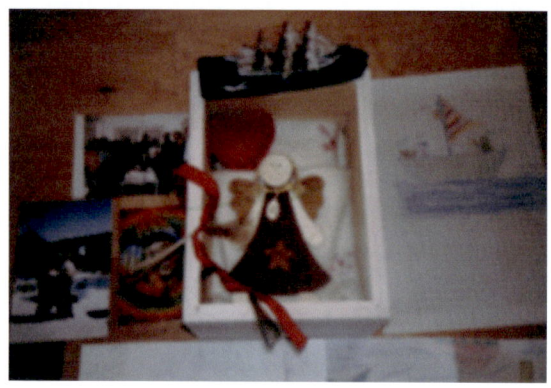

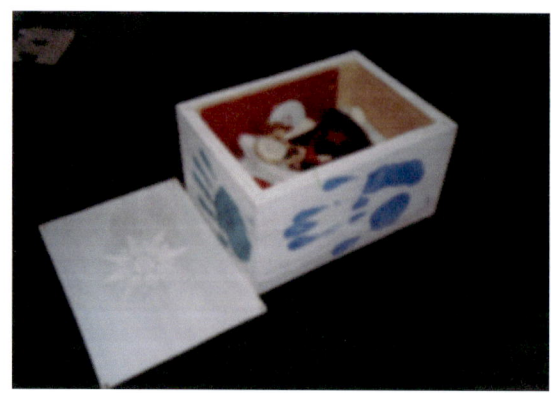

08.02.06

Liebes Baby,

ich habe dich all die Jahre ein wenig
vergessen. Bitte verzeih uns, dass wir
dir so wenig Aufmerksamkeit geschenkt
haben. Ich war damals mit so vielen
anderen Dingen beschäftigt, so dass ich
schnell über deinen Verlust hinweggekommen
bin. Du sollst natürlich auch einen schönen
Platz in unserem Leben haben. Leider konnte
man damals dein Geschlecht gar nicht zuordnen,
weil du meinen Bauch so schnell verlassen
hast. Du hättest sonst von uns einen schönen
Namen bekommen. Aber wie ich deinen Vater
kenne, wärst du ein Bübchen geworden.
Vielleicht hättest du den Namen Tim bekommen.
So heißt auch dein Cousin.
Wir werden dich nicht vergessen.

In Liebe
deine Mama

08.02.06

Lieber Lysander,

mein über alles geliebte Kind. Bitte sei mit
uns nicht böse, wie wir entschieden haben.
Wir haben es uns nicht leicht gemacht, dich
herzugeben. Unsere große Angst, was alles
hätte auf uns zukommen können, hat uns
viel Sorge bereitet. Das alles wollten wir dir
und uns ersparen. Ich habe ja noch deinen
Brüdern (███████ ██ ████████) gegenüber
eine Verantwortung. Ich könnte allen nicht
gerecht werden. Liebes Kind, bitte verzeih uns.
In unserem Herzen wirst du immer weiterleben.
Und wenn wir mal ganz alt sind und in den
Himmel dürfen, werde ich dich ganz doll
knuddeln und am liebsten nicht mehr wieder
loslassen.
Du bist ein wunderschönes Kind.

In Liebe
deine Mama

Liebe Alexandra!

Du bist mein kleines Leben und ich liebe Dich.

Bitte verzeih' mir, dass ich nicht den Mut und die Kraft
hatte, Dich so anzunehmen, wie Du bist.

Bei aller Angst falsch gehandelt zu haben wirst Du
immer einen Platz in meinem Herzen haben.

Wenn ich immer Du jetzt in unserer Nähe lässt, behalte
und bewahre die Liebe, die wir für Dich empfinden.

Du bist jetzt auf Deinem kleinen Stern, der uns über
uns leuchtet und wacht.

Hilf uns auch, die Trauer, die wir empfinden in die
Freude Dich wiederzusehen umzuwandeln.

Du, liebe Alexandra, bist nicht weg von uns,
sondern nur einen kleinen Schritt voraus.

In Liebe D. Papa

10.02.06, Fr.

Den Kindern hatten wir für die kommende Woche Zwergkaninchen versprochen. Mein großer Sohn suchte sich ein Schwarzes mit dem Namen Hoppel und mein Kleiner ein Schildpattfarbenes mit dem Namen Sternchen aus. Die Kaninchen waren gerade 8 Wochen alt. Die Kinder hatten mit ihnen einen Riesenspaß. Nach einer Woche ist mir zufällig aufgefallen, dass das schwarze Kaninchen, „Hoppel" ganz still da saß und nichts fressen und trinken wollte. Mit dem Tier stimmte etwas nicht. Mein Mann fuhr sofort in eine Tierklinik.

Sogleich versorgte die Tierärztin das Kaninchen, da es bereits leicht unterkühlt und sehr schwach war. Die Chance, dass es überleben würde, war 50:50. Es bekam Infusionen und musste zur Beobachtung dort bleiben.

Ich fing an, für das Tierchen zu beten. Ich hatte große Angst, es würde auch noch sterben wie mein Kind. Die Kinder gingen zu Bett und sollten erst einmal schlafen. Nach einer Stunde hörte ich von oben ein Schluchzen. Ich bin schnell nach oben geeilt und sah meinen Großen weinend im Badezimmer sitzen. Er war nass geschwitzt und völlig fertig. Ich versuchte ihn zu beruhigen, und sagte ihm, das „Hoppel" nicht sterben würde und er wieder gesund werde.

Am nächsten Tag war die Tierärztin ganz optimistisch, dass es dem Tierchen schon besser ginge. Am Nachmittag bekamen wir dann leider einen Anruf, dass das Kaninchen doch eingeschläfert werden müsste. Ein zusätzlicher Virus wäre ausgebrochen, den man nicht stoppen könnte. Das Tier hätte Schmerzen und würde apathisch auf der Seite liegen.

Später holte mein Mann „Hoppel" ab, um ihn im Garten zu bestatten. Wir verabschiedeten uns von ihm und schauten ihn uns ein letztes Mal an. Es lag auf der Seite und hatte die Augen starr geöffnet. Mein Mann grub ein Loch und wir setzten es im Garten zu einem bereits gestorbenen Vögelchen bei. Wir beteten alle für das Tierchen und unser Großer stellte ihm neben das Grab ein Röschen.

Zu diesem Zeitpunkt habe ich mich daran erinnert, wie ich mich fühlte, als unsere Katze „Schnurri" im letzen Jahr nach drei Tagen nicht wieder zu uns zurückkam. Sie war ein scheues und zurückhaltendes Tier, aber zuverlässig. Obwohl sie eine

Registriernummer im Ohr hatte, wurde sie nie gefunden. Wir hatten sie erst ein halbes Jahr und ich hatte große Angst, dass jemand sie vergiftet haben könnte oder dass sie von Tierfängern verschleppt wurde. Ich habe drei Tage lang geweint. Auch an unseren kleinen Vogel „Socke" musste ich jetzt denken. Eines Tages brachte unsere andere Katze „Molli" einen kleinen Vogel, der aus dem Nest gefallen war an und legte ihn auf die Außentreppe. Eine private Vogelpflege konnte das Tier wegen eines Trauerfalles leider nicht aufnehmen. Wir versuchten nun selbst das Tier aufzupäppeln. Drei Tage lebte der kleine Vogel bei uns. Am letzten Abend hatte ich ihn noch lange in die Hand genommen, um ihn zu wärmen. Meine älteste Schwester meinte, dass Geborgenheit ihm bestimmt gut tun würde. Am nächsten Morgen lag er tot in seinem Nest. Ich war sehr traurig und hatte ein schlechtes Gewissen, dass ich ihn wohl überfüttert haben könnte. Auch unser ältester Sohn hatte bitterlich geweint, als der Vogel leblos in seinem Nest lag.

11.02.06, Sa.

Jeden Abend hörten wir im Radio den Harmony-Sender. Dabei zündeten wir eine Kerze an. Immer wenn das Lied von Robbie Williams, Advertising Space, kam, blutete mein Herz. Mitten im Lied gab es eine Stelle, da konnte ich regelrecht mit Lysander fliegen (wie göttlich). Eines Abends forderte ich meinen Mann zum Tanzen auf. Ich wollte mit ihm und Lysander auf dieses schöne Lied tanzen. Eng umschlungen tanzten wir zu Dritt.

Wir wollten unbedingt von unserem Sohn Lysander wissen, ob er uns noch böse sei, ob er Oma und Opa schon begegnet sei und ob er im Himmel ein Geschwisterchen hätte. Wir holten uns die Mappe mit seinem Foto und das Pendel heraus. Lysander war uns nicht böse. Oma und Opa ist er bereits begegnet. Von einem Geschwisterchen wusste er nichts. Mein Mann war der festen Überzeugung, dass unser Sohn oben bei Gott gut aufgehoben sei. Wir waren uns einig, dass ich es mit meinem alten Wissensstand, mit einem behinderten Kind, wohl nicht geschafft hätte. Schon mit der Schule war ich leicht überfordert. Und dann noch ein zusätzliches Kleinkind, welches doppelte Aufmerksamkeit benötigte. Mein Mann war auch der Meinung, dass ich in dieser Hinsicht nicht belastbar gewesen wäre. Ich hätte letztendlich die ganze Familie aufgescheucht, wenn etwas nicht geklappt hätte. Auch mein Gejammer, mit dem ich ihm seine langen Arbeitszeiten dann vorwerfen würde. Er konnte sich auch gut vorstellen, dass ich ihn zwingen würde, früher nach Hause zu kommen, weil ich mit allem nicht fertig werden würde. Auch die Kinder würden ihren Bruder nach außen hin schützen, was bestimmt nicht einfach für sie gewesen wäre. Man darf auch nicht vergessen, ein behindertes Kind hätte einen komplett anderen Freundeskreis. Das würde auch für mich bedeuten, dass ich mich in ganz anderen Kreisen bewegen würde.

An diesem Vormittag wollten wir mit den Kindern zum Bummeln in die Stadt fahren. Auf dem Weg zum Auto fiel mir eine Geschichte ein, die ich in dem Magazin „Stadt Gottes" gelesen hatte. Ich berichtete meiner Familie davon. Und zwar ging es um einen 17 Jahre alten Jungen der Leukämie hatte. Er suchte sich seine Wohnstätte selbst aus, da er wusste, dass er sterben wird. Er freute sich immer wieder, als ihn die Betreuer mit dem Rollstuhl in die Stadt mitgenommen hatten. Ein letztes Mal Pommes, ein letztes Mal Pizza, ein letztes Mal Eis essen, ein letztes Mal Schaufenster anschauen, waren seine Gedanken dabei.

Sein allergrößter Wunsch aber war, einmal Heilig Abend mit seinen Eltern und mit seinem Bruder feiern zu dürfen, ohne dass die Eltern, die geschieden waren, stritten. An Heilig Abend durfte er bestimmen wie der Christbaum zu schmücken war, da er als Einziger, inzwischen bettlegerisch, im Heim zurückgeblieben war. Sein größter Wunsch erfüllte sich. Er feierte ein letztes Mal mit seiner Familie Weihnachten und war glücklich. Am darauf folgenden Tag ist er friedlich eingeschlafen. Als ich vor einiger Zeit diesen Artikel gelesen hatte wurde ich zutiefst davon berührt.

Meine Freundin A. hat sich zum gemeinsamen Beten bei uns angeboten. Abends kam sie zu uns mit ihrer „Mutter Gottes Figur", die von einer Muschel umgeben war. Sie zündete ein Teelicht an und sofort wurde die Muschel sehr schön angeleuchtet. Wir beteten zusammen und ich musste wieder weinen. Sie schenkte mir eine Karte.

Fürchte dich nicht,
denn ich habe dich erlöst;
ich habe dich
bei deinem Namen gerufen;
du bist mein.
In meinen Augen bist du
unvergleichbar wertvoll,
und ich habe dich lieb.

Jesaja 43, I;4,

Das sagt nicht irgendjemand,
sondern Gott, unser Vater im Himmel.
Welch eine Aussage!
Was für ein Versprechen!
Der lebendige Gott, der Schöpfer
Des Himmels und der Erde,
kennt uns und hat uns lieb.

Du darfst wissen, du bist einmalig,
unverwechselbares Original.

Du darfst wissen,
es ist gut so, wie du bist
mit deiner Begabung
und deinen Begrenzungen.

Du darfst wissen,
für alle Schuld und alles Versagen
gibt es Versöhnung.

Du darfst wissen,
deine Zukunft liegt
in guten, starken Händen.

Du darfst wissen,
ein Gespräch mit Gott
gibt neue Kräfte und Perspektiven.

Du darfst wissen,
Gott ist da; näher als die Luft,
die dich umgibt.
In Jesus ist er erfahrbar
und schenkt dir seine Zuwendung.

Text: nach J. Abrell

Für weitere Gebete stand meine Freundin A. gerne zur Verfügung.

7. Reue, Zusammenbruch und der lange Weg zurück ins Leben

– warum dieses Buch geschrieben werden musste

12.02.2006, So

Ich beobachte, wie mein Mann mit den Kindern spielte und wie liebevoll er mit ihnen umging. Voller Wehmut dachte ich daran, dass auch Lysander mit Ihnen spielen würde. Mein kleiner Sohn tobte, machte Purzelbäume und war teilweise völlig überspielt – lief mit Hut und Perücke herum – alles Dinge, die ich mir bei Lysander auch gut vorstellen konnte. Er wäre bestimmt ein liebenswertes, verspieltes Kind gewesen. Wieder standen mir die Tränen in den Augen.

Psychologin, 13.02.06, Mo. 2. Gespräch

Beim zweiten Besuch hatte ich es bereut, diesen Abbruch gemacht zu haben. Ich bedauerte es ständig und wir mussten letztendlich feststellen, wie wichtig es sei, behinderte Kinder in unserer Gesellschaft zu haben. Das sie wirklich sehr wichtig für uns alle sind.

Nach zweiwöchiger Trauerarbeit, durfte ich dabei nicht meine eigenen Kinder vergessen, die sehr in Mitleidenschaft gezogen wurden. Ich musste mich ab sofort um sie kümmern und ihnen sagen, wie wichtig und wertvoll sie in meinem Leben sind und das ich sie brauche. Ich sollte in ihrer Anwesenheit unbedingt umschalten und sie nicht mehr damit belasten. Wenn mir zum Weinen zu Mute wäre, sollte ich einfach das Zimmer verlassen.

Um mir etwas Gutes zu tun, sollte ich mir Blumen hinstellen oder mich verwöhnen lassen. Bisher war ich etwas geizig damit. Mir fiel auch mein Nacken ein, der so oft brannte. Ich hatte an Massage gedacht. Um komischen Fragen auszuweichen, ließ ich mich lieber abends von meinem Mann massieren.

Den dritten und letzten Termin sollte ich alleine wahrnehmen. Er sollte dafür gedacht sein, für mich etwas zu tun, auch einmal an mich zu denken und nach vorne zu schauen. Für meinen Mann bestand nicht mehr so viel Notwendigkeit. Er hat es mit der Verarbeitung anders für sich geregelt. Für ihn war alles sehr traurig

63

und doch ist er mehr der Kopfmensch. Die Psychologin hatte mir ihre Visitenkarte mitgegeben, falls ich noch irgendwann das Bedürfnis haben würde, mit ihr zu sprechen.

Zu Hause habe ich dann auch sehr schnell festgestellt, dass meine Kinder in seelischer Not waren. Der Große war an diesem Tag gar nicht in der Lage seine Hausaufgaben zu machen.

Nichts ging ihm von der Hand. Ich setzte mich mit einem Stuhl dicht an seinen Schreibtisch und habe einfach nur dabei gesessen. Das hat ihm sehr geholfen und gut getan.

Die Kinder hatten untereinander leichte Aggressionen. Bei der kleinsten Berührung, fing einer fast an zu weinen. Ich versuchte sie zu beruhigen. Sie konnten schließlich auch nichts dafür, dass ihre Mutter völlig neben der Spur war.

Mein Mann musste abends die Hausaufgaben nachsehen und mit den Kindern üben. Ich war zu nichts mehr in der Lage. Meine Blutungen hielten bereits fast 14 Tage an. Mein Mann wollte mich unbedingt zum Arzt schicken. Doch ich wollte nicht gehen, da ich leider das Vertrauen zu den Ärzten verloren hatte.

14.02.06, Di.

Um 10:00 Uhr hatte ich einen Termin bei einem Steinmetz bezüglich des Granitsterns für das Grab. Vorher wollte ich noch unbedingt zum Kindergrabmal auf dem Hauptfriedhof um mir die Sterne anzusehen. Der Friedhof war sehr groß und ich musste sehr weit laufen. Laut Beschilderung sollte es ganz einfach zu finden sein. Ich hielt mich rechts, wie der Pfarrer gesagt hatte. Fast am Ende angekommen, schaute ich ganz verzweifelt um mich herum, wo es denn nun wäre. In mir rief eine Stimme: „Wo seit ihr denn, ihr Kleinen." Ich lief weiter und plötzlich stand ich davor. „Da seit ihr ja", dachte ich erleichtert. Es war ein wunderschöner großer gepflegter Platz. Mitten drin stand das Denkmal - wie ein aus Bauklötzchen aufgebauter Turm. Links und rechts davon bildeten hellgraue Granitsterne einen Halbkreis. Es waren mindestens sechzig Stück. Dahinter stand ein großer alter Baum. Manche Sterne waren mit Namen versehen. Vorne rechts in der Ecke war eine Steinablage. Darunter befanden sich kleine

Laternen, Grablichter, Stofftierchen und Spielsachen. Ich betete und verließ den Friedhof.

Beim Steinmetz habe ich mir einen hellgrünen Granitstein ausgesucht.

15.02.06, Mi.

Als ich meine Kinder morgens mit dem Auto an der Schule abgesetzt hatte, begegnete mir unterwegs meine Frühstücksfreundin D. in der Stadt. Ich bin ihr bis nach Hause hinterhergefahren.

Als sie aus ihrem Auto ausstieg, lief ich weinend auf sie zu. "D. mir ist was ganz schreckliches passiert. Ich habe mein Baby umgebracht." Sie schaute mich ganz entsetzt an und hatte mich erst einmal hereingebeten. D. wusste erst gar nicht, was ich damit meinte. Im ersten Moment dachte meine Freundin ich hätte meinem Großen oder Kleinen Sohn etwas angetan. Von meiner Schwangerschaft habe ich meinen Frühstücksfreundinnen D., B., und R. nichts erzählt. Ich berichtete ihr von meinem Abbruch und das ich eine falsche Entscheidung getroffen hatte. Um mich zu beruhigen nahm sie mich in den Arm. Sie sagte, dass es keine falsche Entscheidung gewesen wäre. Auch sie hätte so entschieden und ein behindertes Kind nicht hätte haben wollen. Ihr fiel aus dem Bekanntenkreis eine Familie mit einer behinderten blinden jungen Frau ein. Die Eltern umsorgten ihr behindertes Kind und haben ihrer zweiten Tochter aufgetragen, ihre Schwester später einmal zu versorgen. Die zweite Tochter war darüber nicht sehr glücklich und wollte ihre Schwester nicht einmal später zu sich nehmen. Da ihr Freund davon wusste, war er nicht bereit sie einmal zu heiraten.

Um mich etwas abzulenken hatten wir uns zwei Tage später wieder in der Stadt zum Kaffeetrinken verabredet.

19.02.06, So.

Mein Mann hatte abends die Absicht unsere Freunde U. und T. (Pastorfamilie) anzurufen und ihnen fairer weise zu berichten, dass ich den Abbruch vorgenommen hatte. Schon an der gedrückten Stimme von U. bemerkte er, dass sie nicht sehr glücklich darüber war. Mein Mann sagte ihr, dass es die schlimmsten Stunden unseres Lebens waren und dass wir es sehr bereuten. Mir ginge es ganz dreckig und ich wäre völlig fertig. „Ich hoffe, ihr verachtet uns jetzt nicht", sagte mein Mann. U. versicherte uns, dass sie sich von Anfang an im Klaren waren, egal, wie wir uns entscheiden würden, sie würden unsere Freunde bleiben. Sie versprachen uns noch, dass sie für uns täglich beten würden. Einen späteren Besuch wollten sie auch noch vornehmen.

21.02.06, Di.

Mit gemischten Gefühlen betrat ich das Behindertenheim. Die Betreuerinnen frühstückten gerade. Ich begrüßte sie. A. wollte wissen, wie es mir ginge. Ihr letzter Stand war, dass ich schwanger sei. Als ich das hörte, schossen mir die Tränen hoch. Sie eilte auf mich zu und drückte mich und fragte, was wäre. Ich erzählte ihr von meinem Abbruch, den ich bereute und sie tröstete mich. Auch andere Betreuerinnen versuchten mir beizustehen und spendeten mir Trost. Auch sie wussten nicht, wie sie an meinen Stelle gehandelt hätten.

Ich versuchte, so gut wie möglich den Vormittag zu bestehen.

23.02.06, Do.

Es war die dritte Woche nach meinem Abbruch. Ich habe noch nach Unterlagen wie Fußabdrücke von meinem Kind gesucht. Wir hatten zwar eine Mappe bekommen und da war auch ein Abdruck darin. Doch ich bildete mir ein, es wäre eine vorgefertigte Kopie gewesen. Also rief ich die Schwester im Krankenhaus an und fragte, ob sie sich noch an mich erinnern würde. Sie konnte sich noch sehr genau an mich erinnern. Sie meinte nur, wir hätten bereits alles bekommen und sie hätte nichts mehr für mich. Zum Schluss fragte sie noch, wie es mir ginge. Ich schluckte und meinte: „Nicht so gut." Sie hatte mir geraten mich an den Klinikpfarrer zu wenden. Er sollte mich aus dem schwarzen Loch holen. Nach dem Gespräch schaute ich gleich in der Mappe nach. Es war also der Original Fußabdruck von meinem Kind. Als ich ihn sah - schon so ein großes Füßchen mit allen fünf Zehen daran - tat es mir so weh.

Psychologin, dritter Termin

Zum letzten Termin hatte ich ihr ein paar Blümchen mitgebracht. An die Blätter hatte ich drei Schmetterlinge in gelb, grün und orange gehängt. Sie hatte es sofort bemerkt und stellte fest, dass ich den Bruder unbewusst mitgezählt hätte. Das war mir noch nicht einmal aufgefallen.

Mein Zustand hatte sich nicht verbessert. Mir ging es immer noch schlecht. Mir fehlte ständig das Kind.

Ich erhielt noch eine Liste von Psychologen, Psychotherapeuten/innen. Sie kreuzte mir einige an, die für mich eventuell in Frage kämen. Ich sollte mich um eine weitere Therapie kümmern, die unbedingt notwendig wäre. Sie erwähnte einen Bericht aus der Frankfurter Rundschau vom 08.02.06, der sehr interessant wäre. Der Artikel handelte auch vom Down-Syndrom. Sie wusste nicht so recht, ob sie ihn mir schon zumuten sollte. Ich wollte ihn natürlich gerne haben. Wir sind so verblieben, dass sie ihn mir zuschicken würde. Die Sitzung war somit beendet. Sie hatte mir noch freundlicherweise einen vierten Termin angeboten, falls ich ihn gerne haben möchte. Aus Rücksicht wollte ich sie nicht länger belasten. Ich dachte nur, andere Frauen sind wohl besser damit fertig geworden.

24.02.06, Fr., 1. Gespräch Pfarrer

Im Gespräch mit dem Pfarrer drehte ich mich immer wieder im Kreis. Es war nicht zu ändern, den Abbruch rückgängig zu machen. Ich musste mich damit abfinden. „Sie können für das Kind nichts mehr tun", meinte der Seelsorger. „Dem Kind geht es gut. Es ist gut bei Gott im Himmel aufgehoben." Um mein Gewissen zu beruhigen, könnte ich Gott und das Kind um Verzeihung bitten. Gott verzeihe alle Sünden.

Ich wollte mich um einen weiteren Therapieplatz bemühen.

Die nächsten Tage bemühte ich mich um einen Platz für eine weitere psychologische Betreuung. Es gab leider keine Termine vor Anfang Mai. Das Warten war mir zu lange. Ich hatte doch jetzt Bedarf. Im Mai wollte ich wieder gesund sein.

Meine Schwester B. rief an. Wir unterhielten uns und sie war der festen Überzeugung, dass ich es auch ohne eine weitere Therapie schaffen würde. Sie motivierte mich zur Malerei. Ich sollte ihr unbedingt versprechen damit anzufangen. Es würde mir sehr gut darüber hinweg helfen. Danach erzählte sie mir von einem Fernsehbericht, den sie sehr interessant fand. Die Aufgabenstellung lautete wie folgt: Es ist eine Tagesreise ins Jenseits. Was würden die Befragten an irdischen Sachen auf die Reise in den Himmel in ihrem Koffer mitnehmen wollen? Manche dachten an materielle Dinge, was nicht ging. Ein Metzger hatte nur Zettel verteilen wollen. Auf einem stand groß DANKE. Diesen wollte er seinem Mitarbeiter in einer Führungsposition geben. Er gehörte schon 25 Jahre dem Betrieb an, hatte noch nie gefehlt und seine Arbeit immer gut gemacht. Eine Entschuldigung, die er seinem Vater, der getrunken hatte und gestorben war, geben wollte. An seinem Grab hatte er den Grund für sein Trinken von Freunden erfahren. Zuletzt ein NEIN, welches er aussprechen wollte. Eine junge Frau hatte Fotos der Familie mitgenommen. Sofort erwähnte ich meiner Schwester gegenüber unsere Familienfotos, die wir unserem Kind in die Schatulle legten.

„Wir kommen alle in den Himmel, dort sehen wir uns alle wieder", versicherte sie.

25.02.06- 27.02.06, Sa.- Mo. Urlaub Fulda

Nachdem ich nun drei Wochen geweint hatte, hat mir eine Mutter vorgeschlagen, zu verreisen. Es war gerade um die Faschingszeit und wir sind nach Fulda in die Rhöntherme gefahren. Den Kindern tat es ganz gut im Erlebnisbad zu plantschen. Seltsamerweise hatte ich keine große Angst um sie wegen des Wassers. Früher hatte ich mich immer sehr geängstigt. Mir ging es zwar noch nicht so gut, aber eine Ablenkung war der Urlaub schon. Wir kegelten mit den Kindern und ich hatte immer gewonnen, obwohl ich nie eine gute Keglerin war. Ich musste ständig an das Kind denken. Ich hatte den Eindruck gewonnen, dass mein Kind mich lenkte und mitspielte. Zum Schluss des Spieles hatte mein Mann mich eingeholt. Ich hatte Lysander Kind gebeten, seinen Papa gewinnen zu lassen. Danach gab es einen Gleichstand von 99 zu 99 Punkten. Ich war sehr froh darüber und umarmte meinen Mann. Ich sagte: „Unser Kind hat uns beide gewinnen lassen, wir sind ja schließlich beide davon betroffen." Ich hatte dass Gefühl, einen ganz kleinen Schritt der Versöhnung getan zu haben. Draußen schneite es heftig.

Abends machte ich mir Gedanken über Gott: Ab sofort wollte ich ihm bedingungslos vertrauen. Mein Leben wollte ich in seine Hände legen.

Im Gang des Hotels in Fulda hatten die Kinder eine Glasvitrine mit Natursteinen entdeckt. Sie wollten unbedingt einen dieser Steine haben und suchten sich jeweils einen Stein aus und bezahlten sie. Es war ein grüner Labradorit und ein weißer Bergkristall. Als sie mir diese Steine zeigten, hatte ich das Gefühl wir müssten unserem verlorenen Kind auch einen Naturstein aus dem Urlaub mitbringen. Die Kinder waren von der Idee sofort begeistert und suchten einen etwas kleineren Labradorit aus. Wir wollten diesen Stein als Geschenk auf Lysanders Grab legen.

Am nächsten Tag fuhren wir in die Innenstadt, um zu bummeln. Ich wollte noch unbedingt in den Dom um zu beten und Kerzen anzuzünden. Vor zwei Jahren, war ich zuletzt mit meinem Sohn und dessen Kommuniongruppe hingefahren und war von der Schönheit fasziniert.

01.03.06, Mi., 2. Gespräch Pfarrer

Der Klinikpfarrer hatte sich angeboten, die Wartezeit bis Mai für den neuen Therapieplatz zu überbrücken. Um meinem Abbruch einen Sinn zu geben, hatte ich vorgeschlagen, Müttern in gleicher Situation nach ihrem Abbruch aus dem schwarzen Loch heraus zu helfen. Ich hatte die Absicht sie drei Wochen zu betreuen, sie nicht alleine zu lassen, ihnen im Haushalt zu helfen und sie mit Blumen zu beschenken. Ich kaufte mir vorab drei Porzellanschälchen mit kleinen Engeln darauf. Leider gab es nicht mehr als diese Drei und eines davon sollte für mich sein. Diese Schälchen wollte ich den Müttern schenken, damit sie sich abends darin eine Kerze zum Gedenken an ihr Kind anzünden sollten.

Ich zeigte dem Pfarrer einen winzig kleinen Engel, den ich auch noch gekauft hatte. Er lag mit angewinkelten Beinchen, die er mit beiden Händen festhielt, auf einem Blatt. Diesen süßen Engel legte ich in die Küche auf die Fensterbank. Immer wenn ich ab und zu daran vorbei ging, küsste ich ihn. Es war wie ein Symbol für mein Baby.

Da ich mich immer noch ständig im Kreis drehte und den Kindsverlust noch nicht überwunden hatte, sollte ich nach Ansicht des Pfarrers erst meine Kraft darauf verwenden, wieder gesund zu werden, bevor ich mit einem neuen Projekt beginne. Es sollte in mein Gefühlschaos eine Struktur hinein gebracht werden. Er schlug mir vor eine Laterne zu besorgen, um ein Licht auf der Terrasse anzuzünden, das mich ein wenig beruhigen sollte. Ich schaute auch ab und zu hin, dass die Kerze ja nicht ausging. Auch ein Tagebuch mit dickeren Seiten besorgte ich mir. Zehn Minuten am Tag schrieb ich dann etwas an mein Kind nieder. Eine weitere Anregung vom Pfarrer war: Briefe an das Kind zu schreiben und sie im Garten oder auch, wenn ich mich traute, auf dem Friedhof zu verbrennen.

02.03.06, Do.

Tagebucheintrag

Do, 02.03.06

Lieber Lysander,

mein geliebtes Kind. Ich bin
immer noch traurig über Deinen
Verlust. Es wird sicherlich auch noch
lange dauern. Schade, daß ich die
Reife von jetzt nicht vorher schon
gehabt habe. Es wäre alles anders
gelaufen. Ich würde viel besser
zu der Schwangerschaft stehen und
natürlich auch zu Dir. Ich hoffe,
Dir geht es gut und daß du
auch ab und zu an uns denkst.
In Liebe
    Deine Mama

Mein Mann brachte mir gegen Abend einen Brief von der
Psychologin. Ich öffnete ihn und darin befand sich eine Engelkarte
mit dem versprochenen Rundschauartikel vom 08.02.06. Es war
eine große Seite mit folgenden Themen: Eltern und Ärzte im
Grenzbereich, Tim und die Delfine, die große Koalition hat
Verbesserungen versprochen, der Traum vom perfekten Kind. Ich
las den Artikel über das berühmte „Oldenburger Baby" Tim - eine
misslungene Spätabtreibung. Das Kind hatte das Down-Syndrom

und wurde im 6. Monat abgetrieben, aber es starb nicht. Schwestern wickelten es in eine warme Decke und ließen das Kind unversorgt liegen. So sieht es der Gesetzgeber bei Spätabtreibungen vor. Es kämpfte zehn Stunden um sein Leben. Erst dann wurde dem schwerstbehinderten Jungen geholfen. Er wurde mehrfach operiert. Nach einem halben Jahr fanden sich sogar Pflegeeltern, die bereits zwei eigene Kinder hatten. Als ich diesen Artikel gelesen hatte, war ich sehr erschüttert und musste bitterlich weinen. Ich habe mich so geschämt. Es gab sogar Menschen, die ein schwerstbehindertes Kind ohne Vorbehalte zu sich nehmen. Nur weil es diese unwiderstehlichen Augen hatte. Ich sagte zu meinem Mann: „Vor diesen Menschen müsste man sich verneigen, die so etwas tun." Mein Mann tröstete mich und meinte: „Davon gibt es nur ganz wenige."

Mit dem nächsten Artikel: „Der Traum vom perfekten Kind", konnte ich mich gut identifizieren. Darin hieß es: „Alle Eltern wünschen sich gesunde Kinder. Die Medizin gaukelt ihnen vor, diesen Wunsch fast immer erfüllen zu können. Doch es fehlt an guter Beratung über die fatalen Folgen, wenn der Traum plötzlich zu platzen droht. Eltern müssen in kürzester Zeit über Leben und Tod entscheiden. Die meisten Ärzte beschränken sich auf die medizinischen Tatsachen und verschweigen häufig, wie eine Spätabtreibung in ihren Details abläuft. Die Frauen werden in ihrer Not alleine gelassen."

Genauso war es mir ergangen. Nach diesem Artikel habe ich nur gedacht, dass ich doch nur vorher diese Artikel hätte lesen dürfen. So hätte ich **n i e** einen Abbruch gemacht.

03.03.06, Fr.

Tagebucheintrag

Fr. 03.03.06

Mein liebes Kind,
heute schneit es wieder. Der Schnee
erinnert mich immer ganz besonders
an Dich. Ich bin noch oft sehr traurig
und weiß nicht was nun letztendlich
richtig war. Ich habe Angst nicht
mehr richtig glücklich zu werden.
Du fehlst mir immer wieder.
Vielleicht kannst du mir ab und zu
ein schönes Zeichen geben.
Du bist ein wunderschönes Kind.
Ich habe dich sehr lieb.

  Deine Mama

73

Am nächsten Morgen durchfuhr mich eine schreckliche Vorstellung: Wenn das Kind nun nach der Geburt die Augen geöffnet hätte. Wenn es mich mit seinen Glitzeraugen angeschaut hätte. Ich wäre wirklich aus dem Fenster gesprungen. Ich hätte nicht mehr leben wollen.

Auf dem Dachboden suchte ich nach den Babyalben meiner Kinder. Tagelang betrachtete ich sie mir und schaute ständig nach ihren neugierigen Augen. Wie schön doch damals alles war.

Nach der vierten Woche hörten die Blutungen nun langsam auf.

Vormittags rief ich U. (Pastorfrau) an. Ich war völlig am Ende. Ich erzählte ihr noch einmal ausführlich den Abbruch, wie ich mir noch bis zum Schluss den Bauch gehalten habe. „U., es war so schrecklich. Was habe ich nur meinem Kind angetan. Am Ende meines Lebens wird Lysander kommen und mich anklagen: „Mama, warum hast du es getan?" Welch eine grauenvolle Vorstellung für mich."

Warum ist in unserer Gesellschaft niemand in der Regierung, der das mal so laut sagt? Ich habe keine Kraft mehr. Andere haben mich umgestimmt. Ich kann nicht mehr. Alles würde ich dafür hergeben, um mein Kind zurückzubekommen. Und wenn ich nur im Hemdchen dastehen würde, meine Familie und ich.

Ich kann es mir nicht verzeihen mein Baby umgebracht zu haben. Wird Lysander mir das jemals verzeihen? „U. schicke mir alle Frauen, die schwanger sind. Ich möchte sie alle haben und beraten. Ich muss sie davor warnen einen Abbruch zu machen." Das wollte sie auch in die Gemeinde weiter tragen. Denn keiner kann das so gut nachempfinden und beraten, wenn er es nicht selbst erlebt hat.

U. erzählte mir von König David (2. Samuel 11). Er war ein moralisch gesitteter Mann, der erfolgreich und beliebt war. König David hatte alles im Griff, aber dann hat er seinen Gefühlen nachgegeben und einen feigen Mord begangen, um eines anderen Frau zu gewinnen. Als er es bei Nathan bereut, spricht ihm dieser die Vergebung im Namen Gottes aus. Das gemeinsame Kind starb zwar, aber danach war es gut. Gott rechnete ihm das niemals mehr vor.

Liebevoll sagte sie mir: „Die Bibel ist in Sachen Vergebung eindeutig und klar. Wenn auch eure Sünde blutrot wäre, so soll sie doch schneeweiß werden" (Jesaja 1,18).

Auch diese Stelle im Johannesevangelium 3, 24 beeindruckte mich nachhaltig: „Wer an mich glaubt, wie die Schrift sagt, der wird gerettet und kommt nicht ins Gericht. Also auch nicht ins Fegefeuer. Dieses Gericht ist für die, die Jesus nicht vertrauen und nicht an ihn glauben." Sie schlug mir noch vor, diese Stellen in der Bibel laut nachzulesen.

„Gott steht unwiderruflich zu seinem Wort. Er weiß, dass wir Sünder sind, auch wenn das kein Freibrief ist. Aber er vergibt uns alles, wenn wir unsere Sünden bereuen" (Johannesevangelium 1,9). Sie versicherte mir, dass ihre ganze Familie täglich morgens für mich betete. Ich war ihr so dankbar. Irgendwie hatte ich es im Gefühl, das viele für mich beteten. Ich war so darauf angewiesen, auch wenn sie es mir nicht sagten. *„Danke allen"*.

Wir verabredeten uns für den, 12.03.06 sonntags bei uns. Bis dahin hatte sie mir noch das Buch „Verstehen - Glauben können" von Albrecht Busch und eine christliche CD von Danny Platt zukommen lassen.

An diesem Tag hat es nur geschneit. Mit den Kindern rodelte ich im Garten. Auf den Straßen herrschten chaotische Verhältnisse. Abends war ich bei meiner Frühstücksfreundin B. zum vierzigsten Geburtstag eingeladen. Da ich mich nicht traute mit dem Auto zu fahren, bin ich zu Fuß ca. zwei Kilometer gelaufen. Mein Mann war der Meinung, dass mir der Spaziergang bestimmt gut tun würde. Ich müsste unbedingt mal rauskommen, um auf andere Gedanken zu kommen. Wochenlang hatte ich mich zu Hause verschanzt. Eigentlich freute ich mich auch darauf. Ich stapfte durch den Schnee und bin nach einer halben Stunde angekommen. Meine drei Frühstücksfreundinnen R, B und D. haben mich sehr nett begrüßt. Sie schenkten mir Blumen waren alle total liebevoll zu mir und hatten großes Verständnis für meine Lage. Sie waren im Nachhinein sehr dankbar, dass sie von meiner Schwangerschaft vorher nichts gewusst hatten, somit konnten sie mich auch nicht falsch beraten. R. erzählte mir von ihrer früheren Freundin, die mit einem Schwangerschaftsabbruch nicht fertig geworden war. Die Bekannte war an den Folgen seelisch sehr erkrankt und landete für Jahre in der Psychiatrie. Alle drei Freundinnen versichteten mir, das sie und ihre Männer auch nicht zu einem behinderten Kind stehen würden. Wir aßen Fondue und unterhielten uns. Nach dem zweiten Glas Sekt bin ich auf einmal viel lustiger geworden. Ich konnte plötzlich über alles lachen. D. meinte: „Na siehst du, dir geht es schon viel besser." Mit dem Lachen hörte ich gar nicht mehr auf. Es war alles einfach zu komisch. Meine Nerven sind mit mir völlig durchgebrannt. B. hat sich mit mir über meinen Abbruch unterhalten und mich gefragt, ob ich ein mongoloides Kind mal im Internet sehen möchte. Es gäbe Eltern die sehr stolz auf ihr Kind wären und im Internet aus ihrem Privatleben erzählten. Natürlich war ich sehr neugierig. Als ich einige Bilder gesehen hatte musste ich auch wieder lachen. Es war mir regelrecht peinlich. Aber ich konnte das Lachen nicht unterbinden. Der Abend hatte mir gut gefallen und ich bin dann mit einem Taxi zurück nach Hause gefahren.

05.03.06, So

Tagebucheintrag

So, 05.03.06

Lieber Lysander,
heute liegt noch eine Menge Schnee. Gestern rodelten wir mit Maximilian und Alexander im Garten. Das alles hätte ich mir gut mit Dir vorstellen können. Du fehlst mir unendlich sehr. Oft überlege ich, wie ich darüber hinweg kommen soll. Du mein lieber Schatz musst mir helfen. Bitte lass mich nicht im Stich. Heute gehen wir in die Kirche. Wir werden Dir ein Kerzchen anzünden.
Gruß Deine Mama

06.03.06,Mo.

Tagebucheintrag

06.03.06

Lieber Lysander,

soeben habe ich mir nochmals die ganze Mappe durchgesehen. Ich kann mich an deinem Anblick nicht satt sehen. Du siehst so göttlich aus, wie kein anderes Kind. Ich hoffe, von ganzem Herzen, dass Du uns nicht böse bist. Jetzt hätte ich die Reife, Dich so anzunehmen wie Du bist. Wirklich schade, dass man Fehler nicht ändern kann (nur daraus lernen). Aber eins verspreche ich Dir, unser Wiedersehen wird wunderschön.

Deine
    Mama

Meine Frühstücksfreundin B. rief mich an. Wieder war ich sehr verzweifelt und glaubte nicht mehr daran, jemals wieder glücklich zu werden. Ich sagte ihr, dass meine Entscheidung, die ich getroffen hatte, falsch war. Für mein Kind hätte ich beten sollen, damit es vielleicht sogar gesund oder nur leicht behindert gewesen wäre. Leider hatte ich mich von so vielen Leuten bequatschen lassen. Im Moment war mir nichts wichtiger, als mein totes Kind. Am liebsten wäre ich tot gewesen. Meine letzte Hoffnung setzte ich noch auf einen Homöopathen, bei dem mein Sohn zwei Tage später einen Termin hatte. Meine Freundin B. versicherte mir, dass er mir bestimmt helfen könne. Sie meinte: „Du bräuchtest eine Aufgabe.

Einen neuen zusätzlichen Lebensinhalt um mit der Schuld fertig zu werden. Es gäbe viele Leute, die Kinder adoptierten, die im Leben keine Chance erhalten würden - zum Beispiel Kinder aus Rumänien, die von ihren Eltern als 7., 8. oder 9. Kind geboren und einfach abgeschoben würden. Kinder, die ohne Liebe und Zärtlichkeit aufwüchsen."

Meine Frühstücksfreundin meinte, wenn ich solch einem Kind eine Zukunft ermöglichen würde, würde ich eine gute Tat erbringen. Das wollte ich mir erst einmal überlegen. Im Moment konnte ich nur an mein eigenes Kind denken. Während des Telefonats sagte ich Ihr noch: „Wenn ein Kind von dir stirbt, das ist das Schlimmste, was einem passieren kann. Mit diesem Schicksal muss ich erst einmal fertig werden." Sie erinnerte mich noch an meine gut geratenen Kinder. „Man muss dem lieben Gott auch für Sachen, die man als selbstverständlich erachtet, dankbar sein", meinte sie.

07.03.06, Di.

Tagebucheintrag

An diesem Tag war es mir im Behindertenheim sehr schwer gefallen. Bei jedem Anblick eines der Behinderten sind mir die Tränen in die Augen geschossen. Sie kamen mir plötzlich alle viel wertvoller vor. Ich sah sie mit ganz anderen Augen und ich musste mich unheimlich zusammenreißen. Auch sie merkten, dass es mir nicht gut ging. Ich stellte mir immer wieder vor, dass mein Kind auch behindert gewesen wäre und auch diese Betreuung hätte haben können. Draußen beim Spaziergang hatte mir auch noch E., den ich besonders gerne mag, seinen Behindertenausweis gezeigt. Er schaute mich mit seinen kleinen blauen Glitzeraugen an und ich musste ständig weinen. Er sagte, ich dürfte ihn in die Stadt mit dem Ausweis umsonst begleiten. Bei dem Gedanken, dass mein Kind auch einen Behindertenausweis benötigt hätte, musste ich wieder weinen. Später hat er mich darauf angesprochen, dass ich wohl sehr traurig wäre und nicht darüber sprechen möchte, was mich bedrücken würde. Ich erzählte ihm, dass ich mein Baby verloren habe. Nun konnte er meine Gefühle gut verstehen und wollte auch keinem davon erzählen.

Am Abend telefonierte ich mit meiner Freundin R. Ich war völlig verzweifelt und sagte ihr, wie schon vielen Anderen, dass ich mit der Situation nicht fertig werde. „Wenn es so weiter geht, bekomme ich noch einen Nervenzusammenbruch."

Meine psychologische Betreuung war zu Ende. Sie hatte mir den Rat gegeben, professionelle Hilfe aufzusuchen. Ich sollte mich an eine Selbsthilfegruppe wenden, in der Menschen wären die das gleiche Problem hätten, wie ich.

R. war der Meinung, dass sie und alle Außenstehenden mir nicht wirklich helfen könnten. Alle, die das nicht wirklich selbst durchgemacht hätten, könnten das nicht nachempfinden. „Wir leiden nicht wirklich mit dir. Wir haben das Baby nie in Wirklichkeit gesehen, wie groß und ausgebildet es schon war," sagte sie.

Spät abends kam mein Mann nach Hause. Ich setzte mich zu ihm aufs Sofa und berichtete ihm von meiner immer noch kranken Seele: „Ich brauche Hilfe." Das meinte ich auch todernst. Der Sog riss mich immer tiefer nach unten. Ich konnte ihn nicht mehr stoppen. Auch er machte sich nun große Sorgen um mich und hoffte am nächsten Tag auf Heilung durch den homöopathischen Arzt.

08.03.06, Mi. 3.Gespräch mit Pfarrer

Mein Zustand hatte sich weiter verschlechtert. Ein Verzeihen war immer noch nicht von mir aus möglich. Schließlich habe ich doch mein Kind getötet. Obwohl ich die Laterne auf der Terrasse ein wenig außerhalb meiner Sichtweite nach links verschoben hatte, musste ich stets noch in tiefer Trauer an Lysander denken. Eine weitere therapeutische Behandlung vor Anfang Mai war auch nicht möglich. Ich musste also noch warten. Der Geistliche wollte sich für mich um eine Selbsthilfegruppe in einer anderen Stadt bemühen. Auch er war inzwischen etwas ratlos und machte sich Sorgen. Ich sollte mir die Planung für die kommende Woche überlegen. Da überlegte ich, wie es damals mit meiner Mutter war. Oft bin ich in die Kirche gegangen, hatte eine Kerze angezündet und habe viel gebetet. Das wollte ich mir auch für die kommende Woche vornehmen.

Beim gemeinsamen Essen erzählte ich meinem Mann: "Am liebsten wäre es mir, die Vogelgrippe käme und würde uns alle vier holen. Sie würde mir wie gerufen kommen." Mein Mann schaute mich ganz entsetzt an. „Das kann doch nicht dein Ernst sein", sprach er. Doch ich meinte es genauso, wie ich es sagte. Einfach nur erlöst werden.

Mit letzter Kraft begleitete ich meinen Sohn nachmittags zum Homöopathen. Der Arzt erkannte sofort meine seelische Not und behandelte mich. Er war entsetzt darüber, was ich meinem Kind angetan hatte. Er sagte mir freiweg ins Gesicht: „Sie haben ihr Kind getötet." Er hat genau das ausgesprochen, was andere sich bisher nicht gewagt hatten. Das hatte ich genauso empfunden. Da ich bisher an Gott etwas zweifelte, bekräftigte er, dass es ihn tausendprozentig gibt. Ich hätte auch schwere Sünde auf mich geladen und das Gebot: „Du sollst nicht töten" gebrochen. Er bestätigte mir, dass ich ein Riesenproblem hätte und vielleicht noch weitere 30 Jahre damit auf der Erde zurechtkommen müsste. Ich habe mich vor Gott schuldig gemacht und müsste auf die Knie und Busse tun.
Der Arzt fragte mich, ob das Kind getauft wurde. Ich entgegnete nein. Es müsste unbedingt getauft werden. Wir könnten es auch selbst machen, sagte er. Die Seele des Kindes könnte ansonsten nicht ins Himmelreich, jetzt wäre sie noch mit mir verbunden. Deshalb würde es mir auch so schlecht gehen. Zur Taufanleitung

gab er mir ein Büchlein von Otto Zischkin mit: „Gebete, die helfen und heilen". Darin sollte ich auch täglich zur Mutter Gottes beten, sie würde mir helfen.

Der Arzt erzählte von Patientinnen, die 10 Jahre nach ihrem Abbruch ein ganz normales Leben geführt hatten. Und nach zehn Jahren kam es dann. Sie sind von dem Geschehen eingeholt worden - mit Schuldgefühlen, Angstzuständen, Depressionen, Selbstmordgedanken und Panikattacken.

Um das Trauma nochmals aufzuarbeiten, empfahl er mir, ich müsse dringend das Buch: „Miriam… warum weinst du?", lesen. Es handele um die Erlebnisberichte und Leiden von betroffenen Frauen nach der Abtreibung. Dieses Buch konnte ich nur in kurzen Etappen lesen. Es war für mich so schrecklich. Mit jeder Geschichte hatte, ich das Gefühl, wieder Salz in die offene Wunde gestreut zu haben. Was in diesem Buch geschildert wurde, war direkt der Spiegel meiner Seele. Da mein Mann meine Leiden nicht richtig nachvollziehen konnte, musste auch er dieses Buch lesen, um mich besser zu verstehen. Schließlich gab es da auch zwischen uns einen Unterschied. Ich hatte das Kind im Bauch und nicht er. Er war auch der Meinung, dass mein Empfinden viel stärke wäre, als bei anderen Frauen.
Im Nachhinein wünschte ich es mir sehr, dieses Buch hätte damals im Krankenzimmer auf meinem Bett gelegen. Hätte ich doch nur die ersten drei Seiten davon lesen dürfen. Ich hätte das Kind doch nie wegmachen lassen. (Eine Woche später habe ich mir hundert Bücher davon bestellt. Ich wollte sie alle an meine „Beraterinnen", Frauenärzte in der Stadt, Pro Familia, das Krankenhaus, religiösen Einrichtungen, zum Teil Kindergärten, verteilen. Gerne wollte ich mich auch als Beraterin zur Verfügung stellen.)

09.03.06, Do.

Morgens bin ich in die Kirche gefahren und besorgte mir Weihwasser. Nachmittags bin ich mit meinem Mann auf den Friedhof gegangen, um das Kind zu taufen. Wir nahmen das Weihwasser und sprengten es in alle Richtungen. Mein Mann sprach folgende Worte:

81

Ihr alle, die ihr am Tag und in der Nacht tot geboren wurdet und noch tot geboren werdet, ihr alle, die ihr im Leibe eurer Mutter getötet wurdet und noch getötet werdet, damit ihr alle durch Jesus Christus zum ewigen Leben gelanget,

Lysander

taufe ich dich im Namen des Vaters und des Sohnes und des Heiligen Geistes!

Gott lässt das Taufwasser über das Haupt der Täuflinge gehen und bestimmt für den einzelnen den Namen.

Nach der Menge des Weihwassers – hier verstehe mich wohl und erfasse, was ich sagen will – sooft ihr sie tauft, und ihr könnt es nicht oft genug tun, so oft werden euch die kleinen Seelen geschenkt, denen ihr den Himmel geöffnet habt.

Am Schluss beteten wir das „Vater unser" - Ave Maria und „Ehre sei dem Vater".

Eine Bekannte hatte über meinen Mann erfahren, dass wir das Kind verloren hatten und wie es um meinen seelischen Zustand bestellt war. Heute schickte sie mir spontan einen kleinen Blumenstrauß mit einer weißen Narzisse und orangefarbenen Ranunkeln – meinen damaligen Lieblingsfarben. Auf der kleinen Karte stand: „Ein kleiner bunter Strauß zur Aufmunterung. Liebe Grüße." Darüber hatte ich mich sehr gefreut. Ich konnte es gar nicht glauben, dass mir jemand einen Strauß Blumen schickte! Es ging mir nicht gut, zumal sie nicht wusste, wie ich mein Kind verloren hatte. Erst zwei Tage später konnte ich mich bei ihr dafür bedanken. Sie sprach mir Trost zu, war allerdings auch der Meinung, dass der Geburtstermin noch einmal ein schlechter Tag werden könnte.

10.03.06, Fr.

Tagebucheintrag

10.03.06

Mein heiliges Kind,
ich liebe Dich über alles. Mein Herz
brennt, wenn ich an Dich denke.
Wie schön wäre es mit Dir noch weiter
auf Erden. Bitte verzeih mir meinen
unwiderruflichen Fehler. Aber ich verspreche
Dir, daß ich vieles wieder gut machen
werde. Ich werde andere kleine Seelen
retten. Das ist meine einzige Hoffnung
zu meiner Heilung. Bitte gib mir die Kraft
es gut zu machen. Und mit Gottes Hilfe
werde ich es schon schaffen.
Ich liebe Dich über alles

mein Herz Lysander

Meine Freundin B. rief wieder an. Sie hörte sofort an meiner Stimme, dass es mir ein paar Tage nach dem Arztbesuch viel besser ging. Ich sagte: „Der Arzt versteht mich gut und ist gläubig. Er hat mir ein homöopathisches Einzelmittel in sehr hoher Potenz gegeben. Das hilft mir sehr, aber ich leide nur noch etwas an Schlafmangel." Meiner Freundin ist direkt ein Stein vom Herzen gefallen.

Mein Arzt rief mich ab und zu abends an und hat sich nach meinem Befinden erkundigt. Noch heute fällt mir ein ganz bestimmter Satz ein: „Es wird alles wieder gut." An diese Worte hatte ich mich wie an einen Strohhalm geklammert. Ich dachte, nur nicht herunterfallen. „Es wird alles wieder gut."

Mit vielen Gebeten zur Mutter Gottes und zu Gott, Buße im Beichtstuhl, hatte mir der liebe Gott verziehen.

12.03.06, So.

Als ich sonntags aufwachte schien die Sonne voller Kraft. Ich war an das Fenster geeilt, um sie genauer zu sehen. Im Angesicht der Sonne fühlte ich mich von meiner Schuld befreit. Dieser Anblick war so schön und mich durchflutete eine angenehme Wärme. Ich legte die mit meinen Kindern zusammengestellte Lieblings-CD ein (darunter Gregorianische Musik). Wir drehten die Musik ganz laut auf und tanzten. Ich dachte nur: Ich will l e b e n. Endlich wieder leben. Die Kinder riefen mich nach unten auf das Sofa. Dort schien die Sonne auch. Ich sollte mich hinlegen und sie genießen. Wie herrlich das war. Dann schoben wir den großen Sessel vor das Panoramafenster und setzten uns alle drei hinein. Noch lange saßen wir schweigend da, sonnten uns und schauten nach draußen, wie stark die Sonne schien.

Nach dem Frühstück machten wir uns fertig für die Kirche. In der Messe wurde von Abraham, der seinen Sohn Isaak als Brandopfer hingeben sollte, gepredigt. Irgendwie hatte ich das Gefühl, dass es mit meinem Kind so sein sollte. Es war bewusst alles gewollt. Ich hatte mein Kind geopfert, um in der Welt etwas zu ändern - um die vielen Kinder davor zu bewahren, umgebracht zu werden. Mit dieser Überlegung ging es mir viel besser. Schon zu Hause fing ich an, meine Gedanken aufzuschreiben. Ich hatte es Gott und meinem Kind versprochen, etwas zu unternehmen. Mir drängte sich das Gefühl auf, es allen unschuldigen Kindern schuldig zu sein, etwas gegen Abtreibungen zu machen. Für diejenigen, die sich nicht wehren können und diejenigen, die nicht gefragt werden.

Nachmittags kam unsere Pastorfamilie zu Besuch. Sie schenkten mir ein Psalmen-Buch für jeden Tag.

Ich berichtete ihnen, dass dies der erste Tag war, an dem ich leben wollte und darüber in der Zeitung schreiben werde.

Sie waren sehr erfreut, dass es mir endlich besser ging. Ich erzählte von meinem Arzt, der mir reinen Wein einschenkte und das Buch „Miriam" zum Lesen gab. U. erinnerte sich dabei an einen Film „Der stumme Schrei", den sie gesehen hatte (Tagebuch einer Abtreibung). Diese Wahrheit sei für sie beide noch mal eine Art Martyrium gewesen, aber letztlich befreiend. Auch das Anerkennen, das es MORD war.

Wir unterhielten uns über die gesellschaftliche Meinung. Jeder, der heute etwas gegen Abtreibung sage, sei sofort als Fundamentalist verschrieen.

Schön das es noch diese beherzten Menschen gibt!

Das Pastorehepaar riet uns unser Vertrauen nicht an Äußeres, sondern an Gott zu binden. Außerdem sollte ich langsam mit dem Schreiben in Tagebuchform beginnen, jedoch nichts zu überstürzen.

Wir stellten fest, dass alles mit der Fruchtwasseruntersuchung angefangen hatte. Sie bringt zwangsläufig die nächste schwierige Entscheidung mit sich, wenn das Kind als behindert diagnostiziert wird.

Dann sprachen wir noch einmal über Vertrauen, dass wir vorher nicht hatten. Unsere Pastorfamilie klärte uns über die Folgen von Misstrauen auf, das immer zerstörerisch wirke. Vertrauen müsse man üben. Auch das Vertrauen mit Gott. Das bedeutet auch, ihn kennen zu lernen, in dem man regelmäßig in der Bibel liest. GLAUBEN und VERTRAUEN gehören zusammen. „Glauben ist ein Nichtzweifeln an dem was man nicht sieht" (Paulus). Vertrauen in Gott heißt: Vertrauen in Jesus, seinen Sohn den Retter und Erlöser.

85

T. erklärte uns das Brückenbild. Glauben heißt nicht in erster Linie, viele gute Werke zu tun. Das ist für Gott somit kein Vertrauensbeweis. Bei Gott kann ich mir nicht meine Rettung erkaufen. Es gibt moralisch gesehen tolle Leute, aber wenn sie sich nicht entscheiden, Jesus ganz ihr Leben anzuvertrauen, kommen sie nicht über die Brücke zu Gott.

Wir sprachen noch einmal über Okkultismus, dass die Anwendung eines Pendels kein Vertrauen zu Gott vermuten lässt. Mein Mann holte sogleich das Pendel hervor und wollte es wegwerfen. T. bot sich an, es in den Main zu werfen.

T. und U. beteten noch mit uns, dass Gott und der Arzt uns heilen möge.

-Danken, dass wir als Ehepaar zusammen geblieben sind.

-Für den Partner, der daneben steht, ist es in der Regel überhaupt nicht leichter und es ist schwer zu verstehen, was mit dem anderen passiert.

-Bitten um die Kraft des Vertrauens.

-Für unsere beiden Buben, denen geholfen werden sollte, dass sie das alles gut verarbeiten können.

Abends besuchte uns meine Schwester D. Sie hat uns einige Geschenke mitgebracht. Für mich Engelkarten von Diana Cooper, die mich täglich begleiten sollten. Dann einen Wunschengel, der auf einer Erdkugel saß und in die Hand pustete. Zuletzt ein Buch von Rachel Naomi Remen mit dem Titel: „Dem Leben trauen. Geschichten, die gut tun." Für meinen Mann das Buch von David R. Hawkins: „Die Ebenen des Bewusstseins. Von der Kraft, die wir ausstrahlen." Mit diesem Buch könne er meine neue Bewusstseinsebene besser verstehen.

Den süßen kleinen Engel stellte ich auf unser Klavier. Nach und nach hatte ich mir dort einen kleinen Altar mit einem Jesuskreuz, Weihwasser und schönen Dingen eingerichtet.

Somit hatte ich meinen Schatz immer ganz in meiner Nähe und betete dort. Einen zweiten Altar habe ich mir im Schlafzimmer aufgebaut.

8. Ich habe mir und den anderen verziehen – mein Kind lebt

Durch meine ständigen Aufs und Abs gab es noch Schwankungen. Mein Mann hatte mir gesagt, werde erst einmal ganz gesund, bevor du an die Öffentlichkeit trittst - und wenn du es dann noch willst, dann tue es. In meiner Euphorie wollte ich es am liebsten auf die erste Seite in die Zeitung bringen. Ich dachte nur, das ist ein Skandal.

Meine Idee hatte sich langsam gefestigt. Mein Verlangen danach etwas zu unternehmen, wurde immer größer. Mein Kind bekomme ich dadurch nicht mehr zurück, aber vielleicht rette ich andere und wenn es nur eines sein würde.

Beim Bügeln las mir mein Sohn aus der Kinderbibel vor. Es waren die Geschichten von Kain und Abel und Abraham. Als ich aus dem Fenster schaute, sah ich ganz leichte Schneeflocken. Es war ein Zeichen von meinem Kind, dass ich auf dem richtigen Weg war.

Es ist falsch zu glauben, die Familie oder die Beziehung durch eine Abtreibung zu retten. Das Gegenteil ist richtig. Man kann alles verlieren. Schade, dass ich diese Erfahrung machen musste und das Wissen von Heute nicht hatte. Heute würde ich mich von keinem mehr beirren lassen, da ich weiß, dass Gott dieses Kind gewollt hatte. Jedes Kind ist gleichwertig, egal wie es ist. Erst wenn man etwas verloren hat, weiß man, wie wertvoll und wichtig es war. Nichts ist mehr wie zuvor. Man kann nichts mehr rückgängig machen.

Es ist e n d g ü l t i g und v o r b e i !

Man kann noch so viele Untersuchungen machen, wie man will. Wenn Gott sagt, dass das Kind behindert sein soll, dann kann auch ein gesundes Kind, das zur Welt kommt durch die Geburt, wie z.B.: Sauerstoffmangel, eine Behinderung haben. Denn 90% aller Behinderungen entstehen bei der Geburt.

Und wenn noch so viele Frauen den Abbruch möchten, sie werden es früher oder später im Leben sehr bereuen. Es holt sie <u>alle</u> irgendwann ein. Durch Krankheit, Depressionen, schlaflose Nächte, Selbstmordgedanken, Zusammenbrüchen, Angstzuständen etc. Das schlechte Gewissen dem Kind gegenüber schleicht sich immer wieder ein. Wie ein Schatten ihrer selbst.

Heute bin ich mit mir wieder im Reinen. Ich fühle mich durch Gottes Gnade von meiner Schuld befreit. Mein Kind lebt in meinem Herzen weiter. Ich bin wieder glücklich. Dafür danke ich Maria, Gott, allen Engeln und Heiligen und liebe sie von ganzen Herzen.

Auf diesem Wege möchte ich gerne meinem Arzt danken. Ohne seine Hilfe wäre ich an diesem Abbruch gestorben. Er hat mir das Leben gerettet.

Zusammenfassung

Mit der Verschmelzung von Ei- und Samenzelle und nicht, wie immer wieder behauptet wird zum Zeitpunkt der Nidation, beginnt das Leben eines neuen Menschen. Ein von Gott in einem einmaligen unverwechselbaren Schöpfungsakt geschaffener Mensch. Zu diesem Zeitpunkt während der Verschmelzung von Ei und Samenzelle haucht Gott die Seele dieses neu geschaffenen Menschen in den Körper der Mutter ein (Thomas von Aquin spricht von der creatio continua). In diesem wunderbaren Schöpfungsakt zweier sich liebender Partner ermöglicht Gott die Zeugung eines neuen einzigartigen Menschen. Die tiefe Erfüllung, der tiefere Sinn zweier sich liebender Menschen findet ihren Ausdruck in der Schaffung eines neuen Lebens. Dieser Akt ist göttlich und darf durch keine äußere Handlung oder künstliches Eingreifen jeglicher Art unterbrochen werden, denn es gilt das göttliche Gebot für jeden Menschen: Du sollst nicht töten.

Das Schönste, was es auf der Welt gibt, ist ein Kind.

Nachsatz 1

Der Mensch hat durch den Geist des im Liberalismus und Positivismus begründeten Modernismus jegliches Gewissen vor Gott und seiner Schöpfung verloren. Wohlstand, Genuss, Bequemlichkeit führten zum Verlust der wahren gottgegebenen unantastbaren Werte. Heute scheint erlaubt was Spaß macht und gefällt. Der Mensch kann aber in der Realität nur frei sein, wenn er seine Grenzen kennt und sie einhält. Dies ist auch die Basis für das friedvolle harmonische Zusammenleben unter den Menschen. Das Maß aller Dinge ist das von Gott gegebene religiöse Gewissen und geht weit über die menschliche Ethik hinaus. Die Hybris des modernen Menschen erlaubt ihm scheinbar vieles Unvorstellbare. Zum Maß aller Dinge unserer so aufgeklärten, humanistisch orientierten Gesellschaft ist nicht Gott mit seinen Geboten sondern der Egoismus des Menschen mit all seinen hemmungslosen Bedürfnissen geworden. Auf dieser falschen gottlosen Gesinnung basiert auch die Legitimation hilflose, unschuldige, ungeborene Kinder im Mutterleib zu töten. Das von Gott dem Menschen gegebene Gewissen wird dabei ausgeschaltet. Die Abschaffung des Gewissens, die Abschiebung der Schwachen, der Hilflosen, der

Alten, der Kranken, der Behinderten, die Tötung der ungeborenen Kinder stellt der modernen am Materialismus orientierten Wohlstands-Gesellschaft ein Armutszeugnis aus und führt sie schon jetzt sichtbar in eine auswegslose Sackgasse großer zukünftiger gesellschaftlicher Probleme.

Vor Gott hat kein Gesetzgeber, kein Arzt, kein Mensch die Legitimation das Leben eines ungeborenen, hilflosen Kindes auszulöschen, auch wenn das ungeborene Kind durch technisch neu versierte medizinische Untersuchungsmethoden schon vor der Geburt als behindert und damit nicht lebenswert abgestempelt wird. Jeder Mensch auch der Schwache hat ein Recht auf Leben.

Begriffe wie Fristenlösung, Schwangerschaftsabbruch verschleiern, ja bagatellisieren und legalisieren scheinbar eine beabsichtigte Tötungshandlung vor dem Staat, aber niemals vor Gott. Das Töten ungeborener Kinder ist moralisch nicht gerechtfertigt. Bindend für den Menschen ist das Gesetz Gottes: **Du sollst nicht töten.** Im Besonderen gilt der Schutz des ungeborenen Lebens. Aufgabe des Arztes ist es Menschenleben zu erhalten und keine Tötungen durchzuführen. Wer dieses Gebot dennoch bricht lädt schwere Schuld auf sich, welche nur durch die unendlich große Barmherzigkeit und Liebe Gottes und nicht durch irgendwelche heute so oft konsultierten Psychotherapeuten vergeben und ausgelöscht werden kann.

Nachsatz 2

Die Tötung eines ungeborenen Kindes lernt der Unbeteiligte häufig nur als Bestandteil der Statistik kennen. Offizielle Zahlen besagen, es seien jährlich 130.000 getötete Kinder in Deutschland. Die Dunkelziffer soll in etwa ebenso hoch sein. Wenn eine betroffene Mutter die Geschichte ihres Leids aufschreibt, dann wird die Statistik in diesem einen Fall lebendig. Man lernt das Kind und seine Familie kennen und alle, die an der Entscheidung bewusst oder unbewusst beteiligt waren. Und man kann sehen, wie schnell durch die Befunde der pränatalen Diagnostik aus der „guten Hoffnung" ein Albtraum werden kann. Das Leben des Kindes hängt plötzlich am seidenen Faden. Und es bedarf gar nicht viel, damit der Faden wirklich reißt.

Das tiefe Loch, in das die Mutter und auf andere Weise auch der Vater nach einer Abtreibung fallen können, ist in Deutschland nicht erforscht. Es besteht kein öffentliches Interesse. Staatliche Forschungsgelder gibt es nicht. Ist es das schlechte Gewissen oder politisches Kalkül, dass die Freigabe der Abtreibung keine negativen Konsequenzen haben darf? Würde die wissenschaftliche Erforschung der Abtreibungsfolgen vielleicht zeigen, dass die Tötung von ungeborenen Kindern in jeder Hinsicht unzumutbar ist?

Das große Schweigen über die Folgen der Abtreibung wird durch den persönlichen Erfahrungsbericht durchbrochen. Die eigene Geschichte kann nicht bagatellisiert und wegdiskutiert werden. Hier greifen die Mechanismen des kollektiven Wegschauens nicht mehr. Hier ist jemand selbst betroffen. Das zweite Opfer der Abtreibung ist die Mutter. Durch das persönliche Zeugnis über den schwerwiegenden Fehler der Tötung kann sich vieles zum Guten wenden. Dieses Buch ist deshalb ein Beitrag zur Heilung sowohl für die Betroffenen als auch für den Leser. In unserer Gesellschaft ist nichts so wichtig, wie die Verbreitung einer Kultur des Lebens. Die Geschichte über Lysander hilft uns dabei.

Manfred Libner M.A., Stiftung Ja zum Leben, Meschede

Nachsatz 3

Am Montagabend, den 03.04.06 fragte ich meinen Mann, ob ich die Engelbilder und das Baby auf dem Topf vor oder nach dem Abbruch im Krankenhaus gesehen hatte. Er versicherte mir, dass es vor dem Abbruch war. Ich überlegte: „ Es konnte doch nicht sein, dass ich diese heiligen Bilder vorher übersehen habe. Sie hätten mich doch vor dem Abbruch gewarnt."

Am nächsten morgen fuhr ich gleich ins Krankenhaus um zu überprüfen, ob es diese Bilder wirklich gab. Ich wollte sie alle kaufen, da ich sie liebte.

Sie bedeuteten mir soviel. Als ich abgehetzt im Krankenhaus ankam, waren die Wände leer. Ich war enttäuscht. Hatte ich mir alles nur eingebildet? An der Anmeldung fragte ich nach. Die Schwester berichtete mir, dass die Ausstellung bereits beendet war. Draußen im Flur würde die Adresse von der Fotografin aushängen.

Ich notiert mir die Telefonnummer. Nach dem ich angerufen hatte, äußerte ich meine Kaufabsicht. Bei dem Bild mit dem Baby musste sie erst die Genehmigung der Mutter einholen, um es verkaufen zu dürfen. Abends bin ich in ihr Studio gefahren, um die Bilder abzuholen. Die Fotografin war mit sofort sympathisch. Wir unterhielten uns über meinen Schwangerschaftsabbruch und meine Absicht, darüber ein Buch zu schreiben. Von dieser Idee war sie ganz begeistert. Im Nachhinein ärgerte sie sich, dass sie ihre Ausstellungsfotos der Babys im fünften Stock platziert hatte und nicht, wie geplant im Erdgeschoss. Sie wusste nämlich von den Abbrüchen im Krankenhaus.Als sie mir meine gewünschten Bilder gezeigt hatte, erhielt ich direkt einen Stich im Unterleib, als ich das Engelbild mit dem Gesicht ansah (es war von ihrer Schwester gemalt). Ich musste mir an den Bauch fassen, so sehr berührte es mich. Diese Bilder waren so schön, dass ich gleich die ganzen sieben Bilder der Serie kaufte. Jetzt hängen diese Bilder alle in unserem Schlafzimmer – mit Ausnahme des Babybildes. Das hängt im Flur an einer Bilderwand, inmitten der verstorbenen Vorfahren meines Mannes.

Der gefallene Engel

Frau mit Zuversicht

Der Erlös dieses Buches kommt der Stiftung „Menschen für Menschen" von Karl-Heinz Böhm zugute.

Bilder: Umschlag, Seite 34,35,92,93 Frau Klapproth, Maintal

Herstellung und Verlag: Books on Demand GmbH, Norderstedt
ISBN 3-8334-5230-7

Lysander – Grenzerfahrung einer Mutter

Lysander – das Tagebuch einer Mutter über die seelischen Folgen eines Abbruchs nach der niederschmetternden Diagnose Down-Syndrom. Niemand bereitet Frauen auf die seelischen Folgen eines (erlaubten) Abbruchs vor. Wochen zwischen Zusammenbruch und Schuldgefühlen. Der lange Weg, sich selbst und anderen zu verzeihen, die zu diesem Schritt geraten haben. Ein Tagebuch für alle, die vor einer ähnlichen Frage stehen und Hilfe suchen. Das Buch beschreibt die vielen Stationen über die Phasen der Ratlosigkeit, Hilflosigkeit, über Wut, Verzweiflung und Trauer, aber auch den Weg aus der tiefen Verzweiflung heraus zurück ins Leben.